Herman von Skerst · Altrussische Kulturstätten

Herman von Skerst

Altrussische Kulturstätten

Tausend Jahre Christentum
in Kiew - Nowgorod - Wladímir - Susdalj -
Moskau und St. Petersburg

Urachhaus

© Verlag Urachhaus Stuttgart 1975
Kurt von Wistinghausen und Walter Junge
Alle Rechte vorbehalten
Druck: Greiserdruck Rastatt. Einbandgestaltung: Walter Krafft.
ISBN 3 87838 191 3

Inhalt

III. Moskau und St. Petersburg

Vorwort

Wer heute Rußland bereist, wird überall ein Zwiespältiges finden: auf der einen Seite die in Museen verwandelten, aber wunderbar restaurierten Kirchen, auf der anderen die Zeugnisse des im Namen der Wissenschaft propagierten Atheismus. Auf diesem Gegensatz beruht das gegenwärtige *Rätsel Rußland*.

Wir leben in einer aufgeklärten Zeit. Darauf ist der moderne Mensch stolz. Alle alten Vorurteile sollen überwunden werden oder es schon sein, und eine unvoreingenommene Wissenschaft herrsche jetzt. Wenn diese Wissenschaft jedoch von vornherein mit einer Behauptung auftritt: Religion sei Opium des Volkes, dann ist sie nicht mehr reine Wissenschaft. Daß der gegenwärtige Mensch in der Regel areligiös ist, trifft sowohl für den kapitalistischen Westen wie für den kommunistischen Osten zu, denn beide haben keine andere als die offizielle Wissenschaft, und diese ist nun einmal atheistisch. Wenn sie sich aber antitheistisch gebärdet, hat sie sich zur Partei gemacht mit einem bestimmten Dogma. Es könnte doch auch eine andere Weltauffassung geben als die in der Mitte des 19. Jahrhunderts entstandene. Nach allen Zeugnissen der Geschichte lebten die Völker der Erde auf ihrer Kindheitsstufe religiös. Wer wird aber so töricht sein, frühere Bewußtseinsstufen zu verachten oder gar zu verketzern, wenn sie sich entwicklungsgeschichtlich als notwendig und fruchtbar erwiesen haben?

Jedermann weiß, wie verhängnisvoll der Bruch innerhalb einer Volksentwicklung sich auswirken müßte, wenn die reiche, farbige Vergangenheit zugunsten einer uniformen, technisierten Gegenwart verleugnet würde. Eben dies geschieht übrigens erstaunlicherweise im gegenwärtigen Rußland nicht! Vielmehr wird mit einer so noch nie dagewesenen Sorgfalt das gesamte alte Volksgut erhalten und restauriert.

Im Westen finden wir alle christlichen Feste im Kalender verzeichnet. Das bedeutet natürlich nicht, daß sie auch gefeiert werden. Denn das bloß überlieferte Christentum findet sich auf der ganzen Front und seit langem in Rückzugsgefechten gegenüber der Wissenschaft. In Rußland gibt es keinen offiziellen Kalender mehr, der christliche Feste notiert. Trotzdem erscheinen auch in diesem Kalender 52 Sonntage mit roten Zahlen und roten Buchstaben, die sogar noch *Woskressénije*, d. h. *Auferstehung*, heißen – nach jenem ersten Ostersonntag des Jahres 33 nach Christi Geburt! In der Vergangenheit wurde das „Heilige Jahr" dem Volk in seiner ganzen Fülle erlebbar gemacht durch die „Jahresfest-Bilderreihe" an der Ikonenwand . . .

Wir bewundern Aleksandr Solshenizyn als Autor des weltbekannten Büchleins „Ein Tag des Iwan Denissowitsch", in welchem er die Grundehrlichkeit und Durchhaltekraft des russischen Menschen selbst im schlimmsten Konzentrationslager schildert. Mit dem ersten Band seines eigentlichen Lebenswerkes „August Vierzehn" setzt er ein leuchtendes Denkmal dem heldenmütigen russischen Soldaten, denn Photographien von diesen „grauen Helden" habe die damalige zaristische Presse nicht gebracht, was „um so mehr bedauerlich ist, weil sich seitdem der Bestand unserer Nation (durch den Generationenwechsel?) verändert hat; verändert haben sich die Gesichter, und die Photolinse wird schon niemals mehr jene zutraulichen Bärte, jene freundschaftlichen Augen, jenen ausgeglichenen und nicht selbstbezogenen Gesichtsausdruck finden . . .".

Wir möchten in unseren Ausführungen die Kontinuität der russischen Geschichte aufzeigen und darstellen, daß es eine höhere Anschauung gibt, die Religion und Wissenschaft zur echten Synthese bringt. Der Gang der Betrachtung ist der folgende: Wir beginnen in der frühesten Zeit und verfolgen die russische Geschichte anhand der Architektur-Denkmäler und bildenden Künste bis zur Zeit Peters des Großen und seiner Nachfolger. Es können natürlich nur Hauptpunkte herausgegriffen und mit dem entsprechenden Bildmaterial belegt werden. Dennoch hoffen wir zu einer Gesamtschau zu kommen, wodurch das einzelne jeweils in seinem Werdegang verständlich wird und durch die großartigen Geschichtszeugnisse zu einem organischen Ganzen zusammenwächst.

Einführung

Da wir nicht einen „Leitfaden der Geschichte Rußlands" vorlegen wollen, vielmehr von Studienreisen durch die heutige Sowjetunion ausgehen, wie sich diese in der Fülle ihrer Kunstdenkmäler präsentiert, ist es gut, zuvor eine kultur-geographische Skizze vorzulegen.

Beginnen wir bei der Christianisierung. Die Begegnung der „Russen", der mit den Slawen sich vermischenden Skandinavier, die vor allem das Dnjepr-Gebiet einnahmen, mit dem byzantinischen Christentum ging von ihnen selbst aus. Schwedische Waräger waren schon um 800 n. Chr. über die Ostsee gekommen, nach der Sage von slawischen und finnischen Stämmen gerufen, hatten Aldeigjuborg (Alt-Ladoga) am Südufer des Ladogasees und Holmgardr (Nówgorod = Neustadt) am Ilmensee gegründet. Nach der Besitznahme von Kiew öffnete sich ihnen die Straße den Dnjepr abwärts über das Schwarze Meer nach Konstantinopel. Zwei Anführer, Hoskuld (Askoljd) und Dyri (Dir), zogen Waräger und Krieger der Slawenstämme zusammen und machten sich in ihren Drachenbooten auf den Weg. Am welthistorischen 18. Juni des Jahres 860 erschienen sie vor Konstantinopel. Wie der damalige Patriarch Photius es geschildert hat, „eilten der Kaiser (Michael III.) und er selbst zur Kirche der heiligen Gottesmutter bei dem Blachernen-Palast und beteten die ganze Nacht hindurch. Dann trugen sie unter Gesang das göttliche Gewand der heiligen Gottesmutter (die „Maforia") heraus und tauchten den Saum ins Meer ... Sogleich erhob sich ein Gewittersturm und brachte ... Verwirrung in die Boote der gottlosen Russen. Nur wenige kehrten in die Heimat zurück." Durch dieses Ereignis wurde Hoskuld zum Christentum bekehrt. Sein kirchliches Grabmal ist noch heute in Kiew zu sehen.

Durch einen Handstreich bemächtigte sich später der Fürst Oleg (879–912) mit Igor der Stadt Kiew. Er bestimmte: „Dies soll die

Mutter der russischen Städte sein!" Von Oleg berichtet die älteste russische Geschichtsschreibung, die sogenannte Nestorchronik, im Jahre 907 weiter, daß er gegen Zarjgrad (Konstantinopel) zog und zum Zeichen des Sieges seinen Schild am Stadttor aufhängte. Diese Sage hat Alexander Puschkin im 19. Jahrhundert in dem „Sang vom weisen Oleg" zu einer berühmten Ballade gestaltet.

Byzanz konnte sich der wiederholten Angriffe der Russen nur durch das „griechische Feuer" – die byzantinische Wunderwaffe gegen den Arabersturm – erwehren, bis schließlich die Witwe Igors, Olga, im Jahre 957 auf friedliche Weise Konstantinopel aufsuchte und dort den Christenglauben annahm. Aber erst unter Olgas Enkel Wolodimir (Wladímir 978–1015) wurde die Russj – das älteste Rußland – im Jahre 988 dem Christentum zugeführt. Es war der Kultus in der Hagia Sophia in Konstantinopel, der auf Wolodimirs Abgesandte einen entscheidenden Eindruck machte. Weder die Bolgaren an der Wolga mohammedanischen Glaubens noch die Deutschen aus Rom, vom Papst gesandt, noch die chasarischen Juden konnten Wolodimir bekehren. Bestimmend war erst der lebendige Bericht aus Konstantinopel: „Da gingen wir zu den Griechen, und sie führten uns dorthin, wo sie ihrem Gott dienen. Und wir wissen nicht, waren wir im Himmel oder auf der Erde. Denn auf der Erde gibt es solche Schau und solche Schönheit sonst nicht. Wir sind nicht imstande, davon zu berichten. Nur das wissen wir, daß dort Gott mit den Menschen ist, und ihr Gottesdienst ist besser als bei allen anderen Völkern. Wir können diese Schönheit nicht vergessen." So kam das Christentum in seiner griechisch-orthodoxen Gestalt mit der Verehrung der Gottesmutter, der heiligen Sophia mit dem Logosknaben auf ihrem Schoß, nach Kiew. Dort erbaute Wolodimirs Sohn Jarosláw dieser die Sophien-Kathedrale (vgl. Anhang).

Wer Kiew sagt, denkt als erstes an die Sophien-Kathedrale und an das Goldmosaik der Gottesmutter darin auf der „unzerstörbaren" Altarwand. In ihrem Bilde mit den betend erhobenen Armen faßte sich der uralte Kultus der Verehrung der Beregínja, der bewahrenden Mutter Erde, zusammen und wurde verwandelt ins Christentum aufgenommen. Wie fand das kindliche russische Gemüt einen Zugang zur heiligen Sophia? Diese Frage beantworten heißt, den Grundimpuls des russischen Christentums enthüllen. Wir dürfen dabei nicht philosophisch, geschweige denn theologisch argumentieren, sondern müssen versuchen, uns in die Bildersprache des einfachen Volkes zu versetzen. Seit Urzeiten war diesem die Mutter Erde (Fig. 1) die

Fig. 1: Abbildung der Großen Göttin auf einem bestickten Tuch aus dem Bezirk der Nördlichen Duna

große Göttin, deren Segnungen der russische Bauer zugleich im Aufblick zum Himmel empfing und der er dankbar mit seiner Arbeit diente. Nun trat ihm, verklärt zum hehren Wahrbild der Mutter Gottes seine Ahnfrau, die Roshániza, als Gottgebärerin entgegen und erfüllte sein Gemüt mit der frohen Botschaft einer neuen Kindwerdung. Gar nicht nahe genug können wir uns die Wahlverwandtschaft der russischen Volksseele mit der Marien-Sophien-Gestalt denken.

11

Das Urbild für eine jede reine Menschenseele lebt darinnen. Es wird uns immer wieder und immer neu entgegentreten (s. Kapitel 11).

Neben der Sophien-Kathedrale von Kiew spielte das Höhlenkloster, die Petschérskaja Lawra, als geistiger Mittelpunkt des werdenden Rußlands eine Hauptrolle. Von Anbeginn des russischen Christentums wurden rege Beziehungen zum Berge Athos gepflegt.

Bei Kiew grenzt die Waldlandschaft direkt an die Steppenzone an. Aus dieser drohte seit jeher der friedliebenden Ackerbau-Bevölkerung Gefahr seitens der Steppen-Nomaden. Von Asien her drängten sie unaufhaltsam in immer neuen Wellen nach Westen, neues Weideland suchend, von den Hunnen bis zu den Tataren, und brandschatzten das russische Land. Daher setzte schon im 11. Jahrhundert eine Bewegung ein, die das russische Volk stetig von Kiew weg in nordöstlicher Richtung verlagerte, bis es schließlich zwischen Wolga und Oká ein neues Sammelbecken fand (s. Karte 1). Zur gleichen Zeit begann die Kolonisierung Nordrußlands von Nówgorod aus. Das riesige Gebiet bis an das Weiße Meer und bis an den Ural wurde schon früh das Land der heiligen Sophia genannt; auch war ihr eine dreizehnkuppelige, zunächst aus Eichenholz erbaute Kirche noch vor der Kiewer Sophien-Kathedrale in Nówgorod errichtet worden. In Mittelrußland gab es nun zwei Zentren: Wladímir-Súsdalj und das als Stadtrepublik aufblühende Groß-Nówgorod am Ilmensee. Doch im Jahre 1237 brach der Tatarensturm herein und verwüstete fast das ganze Rußland; nur Nówgorod blieb merkwürdigerweise verschont. Trotz der zweieinhalbhundertjährigen Versklavung der Russen durch die Tataren fing bald im Ringen jener Zeit eine neue Macht an, politisch hervorzutreten: Moskau. Sie verfolgte notgedrungen eine zentralisierende Tendenz, die „Sammlung der russischen Erde". Seit Iwan III. (1462–1505) waren es die Moskauer Zaren, welche die Geschicke Rußlands bestimmten. Die Stadtrepublik Nówgorod wurde dabei radikal ausgeschaltet. Immer mehr verödend wirkte sich auch in der dem Staat eng verbundenen Kirche das zentralistische Prinzip aus. Unter Iwan IV. dem Schrecklichen (1533–1584) und seinem gelehrigen Schüler Borís Godunów wurde das echte, auf Brüderlichkeit zielende Russentum vergewaltigt. 1605 brach die Smútnoje wrémja, das chaotische Zeitalter der polnischen Invasionen und der unterge-

Karte 1: Das Kiewer Reich 9.–11. Jahrhundert (bis 1054). Die Volksstämme

schobenen Zarensöhne, der falschen Demetrii an, bis die neue Zaren-
dynastie der Romanows (1613) zur Regierung kam. Eine wirklich
neue Ära wurde aber erst durch Peter den Großen (1672–1725) eingeleitet. Über ihn und die Bestimmung Rußlands hat der Philosoph
Wladímir Solowjów bezeichnende Worte geschrieben. Mit einem Auszug davon wollen wir die vorläufige Skizze der russischen Geschichte
zusammenfassen*.

„Wahrhaftig, wenn ich an das prophetische Aufleuchten einer großen Zukunft am Anfang unserer Geschichte denke, an die hoheits-
volle und weise Tat nationaler Selbstlosigkeit, durch die vor mehr als
tausend Jahren der russische Staat entstanden ist, als unsere Alt-
vorderen zur Herstellung der sozialen Ordnung ... aus freiem Ent-
schluß ... die fremde Macht der skandinavischen Fürsten herbeirie-
fen ... und auf die so eigenartige Einrichtung der äußeren Ordnung
folgte die ebenso merkwürdige Einführung des Christentums und das
leuchtende Bild des heiligen Wladímir, des einstmals so eifrigen, ja
fanatischen Götzendieners ... Und dann, als auf diese ‚schöne Sonne‘
– so nannte die Volksdichtung unseren ersten christlichen Fürsten –,
die den Anfang unserer Geschichte erleuchtete, Jahrhunderte der Finsternis und Verwirrung folgten, als das russische Volk nach einer
langen Reihe von Unglücksfällen in die rauhen Wälder im Nordosten zurückgedrängt, durch Sklaverei und die Notwendigkeit, einen
undankbaren Boden mühsam zu bearbeiten, verroht, getrennt von
der Zivilisation ... in einen Zustand roher Barbarei verfallen war,
der noch durch einen stupiden und unwissenden nationalen Hochmut
gesteigert wurde, als das wahre Christentum des heiligen Wladímir
vergessen war und die moskowitische Frömmigkeit sich auf kindische
Streitigkeiten über rituelle Einzelheiten verlegte, wobei Tausende
von Menschen auf den Richtplatz geschleppt wurden, nur weil sie zu
sehr an irgendeinem Schreibfehler in den alten Kirchenbüchern fest-
gehalten hatten –, da tauchte plötzlich aus diesem Chaos von Barbarei und Elend heraus die einzigartige, machtvolle Erscheinung
Peters des Großen auf.“

* Aus „Rußlands geistige Bestimmung“.

„Ich vergrößere durchaus nicht die Vorzüge und die Bedeutung Peters des Großen. Es fällt mir sogar schwer, ihn einen großen Menschen zu nennen – nicht so sehr darum, weil er etwa nicht groß genug, sondern weil er nicht Mensch genug war. Dieser historische Riese war wie einer der Riesen der Sage. Gleich ihnen war er eine ungeheure, in einem menschlichen Ebenbild verkörperte Elementargewalt, die ganz nach außen gerichtet, nicht innerlich sich selbst zugewandt war.

Peter der Große hatte keine klare Vorstellung von dem *endgültigen* Ziel seines Wirkens, von der höheren Bestimmung eines christlichen Staates im allgemeinen und Rußlands im besonderen. Aber er fühlte mit seinem ganzen Wesen, daß in diesem historischen Augenblick das alles mit Rußland zu geschehen habe, damit es sich seiner höheren Aufgabe nähern konnte, und er ging ganz in seinem Werke auf, trug in dieses Werk seine ganze elementarische Kraft hinein. Die Frage nach seinen persönlichen Eigenschaften und Lastern ist dabei gar nicht interessant . . . Vorläufig handelte es sich nur darum, die Wand zu durchbrechen, die Rußland von der übrigen Menschheit trennte . . . Wir dürfen seine reformatorische Tat schätzen, ohne uns davon beirren zu lassen, daß die Vorsehung für dieses Werk nicht irgendeinen sanftmütigen und wohlerzogenen Weisen finden und brauchen konnte, sondern daß sie dazu einen zügellosen und ungebändigten Recken nehmen mußte . . . Es erübrigt sich, nachzuweisen, daß Rußland seine ganze Bildung und alle Schätze seiner Literatur den Reformen Peters des Großen verdankt. Wenn es darüber noch eine Frage geben könnte, so würde sie von den zwei hervorragendsten Repräsentanten russischer Bildung und Literatur aus dem gegenwärtigen und dem verflossenen Jahrhundert, von Lomonóssow und Puschkin, beantwortet werden, die ihre Namen untrennbar mit dem Namen Peters des Großen verbunden haben."*

Die auf Peter den Großen folgenden Zarinnen werden wir durch ihre Bauten in Petersburg (Leningrad) kennenlernen. Wie sich unter den autokratischen Zaren dann im 19. Jahrhundert der Nihilismus

* „Die nationale Frage in Rußland", II. Teil, s. Kapitel: „Einige Worte zur Verteidigung Peters des Großen", 1888.

entwickelte, können wir im Rahmen dieses Buches nicht behandeln. Es sei nur noch ein Blick auf die Oktoberrevolution von 1917 geworfen. Da stellt sich uns im 20. Jahrhundert noch rätselhafter als die Erscheinung Peters des Großen die Gestalt von Lenin, Wladímir Iljitsch Uljanow, vor Augen. Der letzte Umbruch in der Geschichte Rußlands ist noch ungeheurer als die früheren und eigentlich menschlich gar nicht mehr faßbar. Was sagte Lenin über seine Mission? „Bolschewismus ist Kommunismus plus Elektrifizierung!" Kein Wunder, daß ein zeitgenössischer Dichter, W. W. Majakowskij, Lenins Wesen und Auftreten mit der Wirkung eines Gewittersturmes mit Blitz und Donner verglich. – Die ganze Magie eines in Superlativen arbeitenden technischen Zeitalters überwältigte das bis dahin noch weitgehend schlafende Riesenland und verwandelte es von Grund auf. Darüber haben wir hier nicht zu urteilen. Was uns zunächst beeindruckt, ist der Widerspruch zwischen dem offiziellen Atheismus auf der einen und der großartigen, wenn auch musealen Restaurierung und Bewahrung der Kunstschätze des vergangenen christlichen Rußlands auf der anderen Seite.

I. Kiew und Nowgorod

1. Das Schwarzerdegebiet. Das europäische Rußland und die ersten Fürsten

Das Schicksal Rußlands ist verbunden mit der Natur seiner Erdenlandschaft. Wir haben es mit einem mehrere hundert Kilometer breiten Schwarzerdegürtel zu tun, der sich von der unteren Donau durch das ganze europäische Rußland und durch Westsibirien erstreckt. In den Ausläufern der Altai-Sajan-Berglandschaft und in Ostsibirien finden sich noch einzelne Inseln davon in Bergtälern, an Berghängen und in den breiten Flußbecken. Die Schwarzerde gehört zu den fruchtbarsten Böden und kommt vereinzelt auch in Westeuropa vor. Sie bildet ebenso die weitgedehnten Prärien in Nord- und Südamerika, dazu in China. Schwarzerdeböden sind ursprünglich vornehmlich Hochgrassteppen unter feuchtem Kontinentalklima. Sie bestehen aus einer bis zu 1,50 m mächtigen grauschwarzen bis schwarzen, sehr gut gekrümelten Humusschicht. Ein Blick auf die russische Boden- und Klima-Karte (Karte 2) überzeugt uns davon, daß wir es mit einem einheitlichen Riesenbecken zu tun haben, das sich nach Süden wie ein Dreieck zuspitzt, begrenzt von der Nordküste des Schwarzen Meers und dem Kaukasus, weiter im Osten von den Hochgebirgen von Iran, Afghanistan, Tienschan und Altai. Der 60. Grad östlicher Länge von Greenwich, der längs des Ural und mitten durch den Aralsee verläuft, teilt dieses gewaltige Becken in zwei Hälften. Nach Süden geht die Schwarzerde in Streifen von kastanienfarbigen, braunen und grauen Böden und schließlich in Flugsand über. Darum mutet dieses Erdgebiet wie der Überrest eines in der Vorzeit besonders gesegneten Landes an, das später nach Süden hin durch Klimaänderung austrocknete. Es stellte einst eine wunderbare Park- und Wiesenlandschaft dar, mit reicher Fauna: Hirschen, Elchen, Auerochsen, Bären, Leoparden, Wölfen, Wildpferden, Luchsen, Zobeln usw. sowie einer reichen Vogelwelt. Im Norden ging es unmittelbar in riesige Urwälder über, deren Reste noch heute weite Strecken Großrußlands

bedecken. Als Weideland mit der Mongolei und China zusammen-
hängend, war es von vielen Hirten- bzw. Nomadenstämmen bevöl-
kert. Neben diesen Nomaden, die auf ihren Wanderzügen ungeheure
Entfernungen bewältigten, lebte in den fruchtbarsten Gegenden
offensichtlich eine Bevölkerung von Ackerbauern.

Archäologische Funde im Dnjestr- und Dnjeprbassin haben erwiesen, daß seit dem 3. und 2. Jahrtausend v. Chr. ohne Unterbre-
chung der Hack-Getreidebau von Weizen, Gerste, Roggen und Hirse
als Lebensunterhalt neben Viehzucht, Jagd und Fischfang betrieben

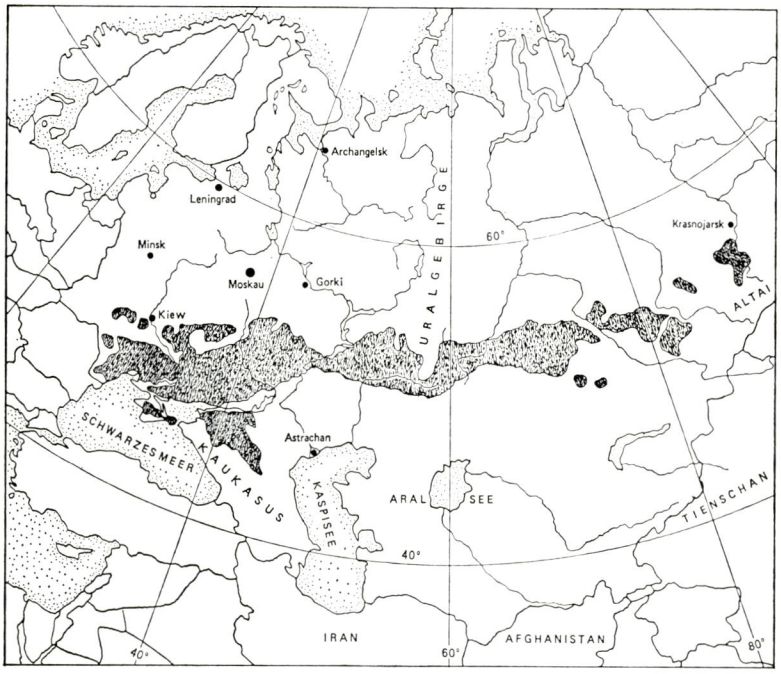

*Karte 2: Das Schwarzerdegebiet setzt im Westen an der Grenze zu Rumänien an,
erreicht zwischen Kiew und Schwarzmeerküste eine Breite von 300 km, umfaßt
die nördliche Krim über das Kubangebiet und den Ural hinweg und läuft in den
Vorbergen des Altai aus. Diese Bodenfläche umfaßt etwa 190 Millionen Hektar,
etwa 9 Prozent des heutigen Rußland.*

wurde. Bis zum fernen Jenissejbecken in Mittelsibirien gelangten die ersten Ackerbauern aus dem Westen zwischen 3000 und 1700 v. Chr. Der urbäuerliche Typus war schon lange vor dem „russischen" Menschen vorhanden, während die slawischen Stämme erst einige Jahrhunderte nach der Zeitenwende ins Licht der Geschichte treten.

Die Entwicklungsgeschichte dieser gesegneten Völkerwiege hat offensichtlich von Anfang an auf den russischen Bauern hingezielt. Dabei war dieses Erdgebiet immerfort dem kriegerischen Eindringen mongolischer Völkerstämme ausgesetzt, beginnend mit den Hunnen. Sie kamen durch die Kaspische Pforte. Die Auseinandersetzung mit ihnen macht einen großen Teil der russischen Geschichte aus. Davon sprechen alle Heldenlieder, Bylinen oder Starinás, wie sie noch zum Beispiel von der M. S. Krjúkowa bis zum Zweiten Weltkrieg gesungen wurden. Für den Urbauern steht „Mikúl der Dörfler", Mikúla Sseljanínowitsch. Er wird zwischen den beiden Urrecken Iljá Múromez und Samsón Kolybájew in der Heldenliste geführt. Viele Gotteshelden – so nennen wir sie wegen ihres ständigen Einsatzes für das Christentum und das „Heilige Rußland" – tragen biblische Vornamen, während ihre Nach- oder Vatersnamen meist auf ihre Stammes- und Sippenzugehörigkeit hinweisen. Der scheinbar älteste Hauptheld der russischen Sagenwelt, Iljá Múromez, entstammt als „Großrusse" der jüngsten, nämlich der finnisch-slawischen Vermischung in Mittelrußland und Samsón Kolybs Sohn direkt dem Volk der Kalewala, den Finnen. Mikúl der Dörfler (ursprünglich Gott der Ernten und nicht zu verwechseln mit Nikóla, dem Hauptheiligen der Schiffer) ist dagegen slawisch. Er ist kein Krieger, sondern eben ein Ackersmann und dennoch stärker als selbst Iljá Múromez, stärker durch die Erde, die er beackert. Bei ihrer ersten Begegnung und dem folgenden Zweikampf vernimmt Iljá schließlich die Stimme, die ihm bedeutet, daß er vergebens gegen Mikúla kämpfe: „... alle / Kannst besiegen du, doch seiner Sippe / Darfst in Feindschaft nimmer du begegnen. / Trägt doch sieben goldne Strähnen Glücks er / Und ihn liebt die Mutter feuchte Erde." Nach einem anderen Heldenlied weilt Mikúla auf dem Festgelage des Fürsten Wladímir in Kiew. Während alle schon mehr oder weniger trunkenen Gotteshelden sich ihrer Taten zu rühmen beginnen, sitzt jener bescheiden in der Ecke.

Der Fürst ist darüber verwundert und hält ihm, der ihm der liebste von allen ist, vor, auch er könne sich rühmen, habe er doch im Kampf gegen die Fremden oft die Stadt Kiew vor dem Untergang gerettet. Dazu erinnert Wladímir an einen Weisheitsspruch des Urhelden Swjatogór, des „Heiligen Berges" selbst, wonach „Engel und Erzengel / Tragen sein Geschick in ihren Händen". Statt der reichen Belohnung, die ihm nun vom Fürsten geboten wird, erbittet Mikúla nur Urlaub nach Hause:

> „Als Mikúla kam ins Dorf, das traute,
> Freuten alle sich; die Kinder riefen:
> Väterchen aus Kiew ist gekommen
> Von dem freundlichen, dem Fürst Wladímir.
> Wird wohl jetzt bei uns zu Hause bleiben? –
> Und Mikúla nahm sich an der Arbeit,
> Sammelte die Ernte von den Feldern,
> Drosch Getreide, mahlte Mehl und buk es,
> Braute starkes Hausbier für die Seinen;
> Lud das ganze Dorf zum Erntefeste."

Schließlich wird in einem anderen längeren Heldenlied ein großes „Wunder" geschildert:

> „Geht ein Pflüger übers Feld und pflüget
> Mit dem Hakenpflug aus fester Eiche.
> Klar die Augen, blond die Locken waren...
> Seine Stute ging in gold'nem Zaumzeug
> Rasch, daß niemand ihnen folgen konnte..."

Obwohl Mikúl der Dörfler – denn der ist der Ackersmann – nur eine Stute reitet bzw. vor dem Pflug hat, kann selbst im „stillen Gang" kein Streitroß sie einholen. Nachher zeigt es sich, daß fünf Männer den Pflug nicht von der Stelle zu rücken vermögen. So also wurde einst der russische Bauer erlebt. Mit ihm darf man natürlich nicht den heutigen Kolchosnik vergleichen, obwohl dieser auf der kleinen Parzelle, die man ihm gelassen hat, erstaunlich reiche Güter

22

an Obst und Gemüse schafft, ohne welche die Städter gar nicht leben könnten. Also liebt er noch seine Mutter Erde.

Nun besteht das europäische Rußland nicht nur aus dem Schwarzerdegebiet, vielmehr stellt es eine weit ausgedehnte, gleichmäßige Tiefebene ohne besondere Bodenerhebungen dar (s. Karte 2, S. 20). Die Gegebenheiten von Wald, Fluß und Steppe spielen eine schicksalbestimmende Rolle. Gleich einem einheitlichen Organismus wird das fast unbegrenzte Land von drei maßgebenden Strömen durchzogen, die alle aus einem Quellgebiet, der Waldai-Höhe, entspringen und in drei verschiedene Meere fließen: Die Düna mündet in die Ostsee, der Dnjepr ins Schwarze Meer, die Wolga in das Kaspische Meer. Außerdem durchzieht ein Adernetz großer, kleinerer und kleinster Flüsse das Land, heute verstärkt durch Kanäle und riesige Stauseen, die zum Teil die mehr als zehnfache Ausdehnung des Bodensees erreichen. Nordrußland war einst mit Urwald bedeckt, der bis an Kiew heranreichte.

In diesem urtümlichen Land begann die russische Geschichte sich zu regen, indem sich zwei Zentren wie Haupt und Herz eines Riesenleibes bildeten: im Norden Nówgorod und im Süden Kiew. Im Norden trafen drei Volksgruppen aufeinander: die Waräger, von den Finnen Ruotsi (Ruderer) genannt, fuhren, von Schweden kommend, die Wasserstraßen mit ihren Drachenbooten hinauf; finnische Stämme hatten von Norden, slawische von Süden her das Land besiedelt. Nach der ältesten Chronik erging von den beiden letzteren an die von der Ostsee kommenden Waräger der Ruf: „Unser Land ist groß und reich, doch es ist keine Ordnung in ihm; so kommt, um über uns zu herrschen und zu gebieten. – Und drei Brüder wurden erwählt samt ihren Sippen; und die nahmen alle Russen mit sich und kamen. Rjurik, der älteste, ließ sich in Nówgorod nieder ... Und nach diesen Warägern (Ruotsi) bekam das russische Land seinen Namen."

Die Nestorchronik berichtet von den ersten Fürsten in Kiew fast im Stil der isländischen Sagas mit ihren Skaldenliedern oder der russischen Heldenlieder. Noch die Sadónschtschina, ein im 14. Jahrhundert aufgezeichneter Bericht von der Schlacht am Don, beruft sich auf Boján, den alten Sänger: „Nun laßt uns ... Kunde geben nach Taten und Sagen (po djélom i po bylínam). Laßt uns nicht schwärmen, sondern der ersten Jahre gedenken und den zauberkundigen Boján preisen, den Sänger in der Stadt Kiew! Dieser weise Boján, wenn er seine goldenen Finger auf die lebendigen Saiten legte, sang Ruhm den russischen Fürsten Rjurik, Igor und Swjatosláw, Jaropolk, Wladímir und Jarosláw, sie lobend in Liedern und auf der tönenden Leier (Gusli) . . ." Wir hören, wie auch die Nachfolger Rjuriks vom Tribut lebten, den sie bei den Nachbarstämmen, meist friedlichen Waldjägern, Bienenzüchtern und Ackerbauern, eintrieben. Als Igor – Anfang des 10. Jahrhunderts – nach einem solchen Beutezug noch einmal umkehrte, um noch größeren Tribut von den Derewljánen zu fordern, überlegten diese mit ihrem Fürsten Mal: „Gewöhnt sich der Wolf erst einmal an die Schafe, so trägt er die ganze Herde fort, wenn man ihn nicht totschlägt. Genauso wird auch dieser uns alle zugrunde richten, wenn wir ihn nicht erschlagen." Sie schickten Igor Boten entgegen und ließen fragen: „Warum kommst du schon wieder? Du hast doch den ganzen Tribut erhalten." Igor aber hörte nicht auf sie. Da zogen ihm die Derewljáne aus der Stadt Iskorosten entgegen und erschlugen Igor mitsamt seiner Drushina (Gefolgschaft)... Olga, die also Witwe geworden war, lebte mit ihrem Sohn Swjatosláw, der noch ein Kind war, in Kiew ... Die Derewljáne sagten: Den russischen Fürsten haben wir erschlagen, laßt uns jetzt sein Weib Olga mit unserem Herrscher Mal vermählen, und mit Swjatosláw verfahren wir nach Gutdünken. Sie schickten Boten zu Olga. Diese erwies sich als überlegene, listige und rachedurstige Fürstin, die grausame Vergeltung übte, bis sie fast den ganzen Stamm der Derewljáne ausgerottet und deren Stadt verwüstet hatte. Im Alter wurde sie mild und weise. Sie begab sich nach Konstantinopel, um sich dort 957 taufen zu lassen. – Die christliche Lehre muß aber schon früher nach Kiew gelangt sein, und zwar vom Balkan, aus Bulgarien. Dort hatten die Brüder Kyrill (Konstantin) und Method aus Saloniki als Missionare der Westslawen seit dem Jahre 863 gewirkt. Sie übersetzten die Liturgie und die Heilige Schrift in die Landessprache und schufen das glagolitische Alphabet, die Kyríliza. So entstand das Alt-Kirchenslawische als die spätere Kirchensprache aller orthodoxen Slawenvölker. In der Kiewer Elias-Kirche, die schon unter Igor bestand, wurde der Gottesdienst von bulgarischen Priestern gehalten.

Sie waren nicht wie die westslawischen Völker Rom, sondern Byzanz unterstellt. In Konstantinopel wurde Olga wohlempfangen: „Und der Kaiser (!) mitsamt dem Patriarchen taufte sie. Als sie erleuchtet war, freute sie sich mit Seele und Leib. Und der Patriarch unterwies sie im Glauben und sprach zu ihr: Gesegnet bist du unter den russischen Frauen, denn du gewannst das Licht lieb und verwarfest die Finsternis. Dich werden Rußlands Söhne bis in das letzte Geschlecht deiner Enkel segnen! ... In der Taufe gab man ihr den Namen Helena, wie auch die frühere Kaiserin, die Mutter des großen Konstantin, hieß." Ihr Sohn Swjatosláw aber lachte über ihren Glauben und blieb den alten Göttern treu. Bei ihrem Tode im Jahr 969 schreibt der Chronist: „Sie ging dem christlichen Lande voran wie der Morgenstern der Sonne, wie die Morgenröte dem Tageslicht." Nachdem ihr Sohn Swjatosláw ein Warägerschicksal und -ende erfahren hatte – er zog auch einmal gegen Byzanz – entzweiten sich dessen Söhne wegen der Herrschaft. Schließlich ging Olgas Enkel Wladímir, nach Beseitigung des älteren Bruders Jaropolk, als Sieger aus dem Streit hervor. Er war berufen, der „apostelgleiche" Täufer des russischen Volkes zu werden.

2. Wladímir und die Einführung des Christentums

Mit großer Ausführlichkeit behandelt der Chronist Nestor (um 1100) das Leben und die Bekehrung Wladímirs zum Christentum. Es ist selbstverständlich, daß er alle „Erzählungen von den vergangenen Jahren" und besonders die um die Gestalt des später heiliggesprochenen, apostelgleichen Fürsten Wladímir ganz im Sinne seiner Zeit und vom Standpunkt des Kiewer Höhlenklosters gestaltet hat. Es ist aber auch eine Tatsache, daß dieses Kloster durch Jahrhunderte das kulturelle Zentrum des ganzen russischen Landes war und ein helles Licht verbreitete. Wenn Sagen und Legenden den Grundstock der Urgeschichte des russischen Volkes bilden, können sie gewiß nicht als zuverlässige historische Quellen im heutigen Sinne genommen werden; aber ein tieferes Verständnis wertet sie als Ausdruck des damaligen bildhaft-empfindungsmäßigen Bewußtseins, dem die übersinnliche Welt noch eine Realität war. Auch haben wir keine anderen Quellen, die uns über den Anfang der russischen Geschichte aufklären könnten. Hier verweisen wir besonders auf die Ausführungen Rudolf Steiners, welche die besondere Berufung des russischen Volkes behandeln (Anhang).

„Im Jahre 980 begann Wladímir allein in Kiew zu herrschen. Und er stellte Götzenbilder auf dem Hügel außerhalb der Burg auf: einen hölzernen Perun (Hauptgott der Krieger), sein Kopf aber war silbern, sein Schnurrbart golden, den Chors, den Dashdjbog (Sonnengott) und Stribog und den Simurg und die Mokosch*... Und sie brachten ihnen Opfer dar..." Unter dem Jahre 986 schildert die Chronik, wie die Bekenner verschiedener Religionen und Konfessionen zum Fürsten kamen und ihn bekehren wollten: Mohammedaner,

---

* Simurg und Chors auch als Sonnengott sind mittelasiatischen Ursprungs, während Mokosch eine finnische Göttin ist.

römische Katholiken, Juden und Griechen. Nachdem er sie alle angehört hatte, berief Wladímir seine Bojaren und berichtete ihnen darüber. Sie antworteten: „Du weißt, Fürst, daß niemand das Seinige tadelt, sondern lobt. Willst du es genau erforschen, so hast du deine Mannen. Sende sie aus und erforsche eines jeglichen Gottesdienst, und wie er Gott dient." Nach dem großartigen Eindruck, den die Abgesandten dann von dem Kultus in der Hagia Sophia von Konstantinopel empfingen, antworteten die Bojaren auf deren Zeugnis: „Wäre der griechische Glaube schlecht, so hätte ihn deine Großmutter Olga nicht angenommen (sie war es, die den Enkel erzogen hatte), die doch die weiseste aller Frauen war. Da antwortete Wladímir und sprach: Wo wollen wir die Taufe empfangen? Sie antworteten: Wo es dir lieb ist!"

Im Jahre 988 unternahm Wladímir einen Beutefeldzug gegen die griechische Stadt Korsunj (Cherson) auf der Krim und gelobte, falls er sie gewänne, sich taufen zu lassen. Nach der geglückten Eroberung sendete er zu den Kaisern Basilios und Konstantinos und forderte von diesen ihre Schwester zur Frau. Dann gab er Korsunj den Griechen als Morgengabe für die Kaisertochter wieder zurück. Heimgekehrt nach Kiew, ließ er die Götzenbilder stürzen, verbrennen oder in den Dnjepr werfen. „Alsdann sandte Wladímir durch die ganze Stadt und ließ sagen: Wer sich morgen nicht am Fluß einfindet, er sei reich oder arm, Bettler oder Arbeiter, der soll mir verhaßt sein! – Am anderen Morgen kamen unzählige Menschen an den Dnjepr. Sie stiegen ins Wasser hinein ... und die Priester standen da und verrichteten die Gebete. Und Freude war zu sehen im Himmel und auf der Erde über so viele gerettete Seelen."

Heute beherrscht ein gewaltiges Bronzedenkmal Wladímirs (von 1853) einen Teil des erhöhten rechten Dnjeprufers; Wladímir hält ein Kreuz zur Rechten fest und schaut auf den einstigen Taufplatz hinab, an dem auch eine alte Gedenksäule steht.

Die Chronik fährt fort: „Und Wladímir begann in den Städten Kirchen zu erbauen und Priester einzusetzen und das Volk in Städten und Dörfern zur Taufe zu führen. Dann sandte er hin und ließ die Kinder der angesehenen Männer nehmen, um sie in der Schrift zu unterrichten. Die Mütter dieser Kinder aber weinten um sie; denn sie waren noch nicht im Glauben gefestigt, und sie beweinten sie wie Tote . . ." Die Kirchen, von denen hier die Rede ist, waren nach alter Tradition aus Holz gebaut, wie auch die meisten Profanbauten, ein Handwerk, in dem die Russen eine erstaunliche Geschicklichkeit bewiesen. Nur *eine* Kirche – und damit die allererste dieser Art auf

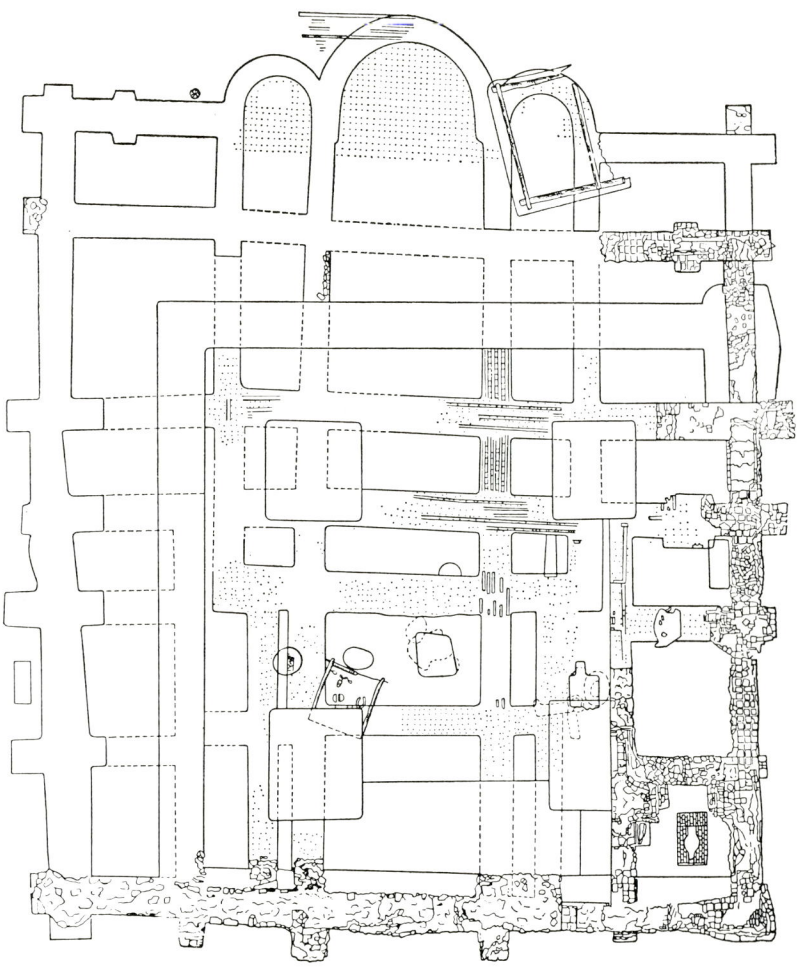

Fig. 2: Grundriß der Dessjatinnaja-Kirche

russischem Boden – erbaute Wladímir aus Stein. Das war die Dessjatínnaja-Kirche (986–996) auf dem Burgberg (Fig. 2); sie hieß so, weil
er für sie den Zehnten aller seiner Einkünfte opferte. Geweiht war
sie, auch damit beispielgebend, der Himmelfahrt Mariä, eigentlich
dem Tode der Gottesmutter, deren Seele zu Gott emporgetragen
wird. Von der Dessjatínnaja-Kirche ist nur das Fundament im
Grundriß erhalten geblieben. Darüber hatte sich ein Prachtbau erhoben, der zur letzten Zuflucht der Verteidiger Kiews im Jahre 1240
gegen die Tataren dienen sollte, bis die Mauern einstürzten. – Versuchen wir, in dem verwirrenden Grundriß zu lesen, so bemerken wir
einen dreischiffigen Kreuz-Kuppelbau mit drei Apsiden nach Osten
und einer etwas engeren Vorhalle im Westen. Schon Anfang des
11. Jahrhunderts wurde die Kirche mit offenen Galerien umbaut und
damit zu einer mächtigen fünfschiffigen Kathedrale erweitert. Sie
soll 25 Kuppeln getragen haben und erinnerte wohl an die hölzerne
dreizehnkuppelige Nowgoroder Sophien-Kirche. Wenn man die starken geometrischen Ungenauigkeiten betrachtet, glaubt man den
kindlichen Eifer vor sich zu sehen, der mit der primitiven Meßschnur
den gewohnten Holzbau auf eine erste russische Steinarchitektur
übertrug. Die Kathedrale war sehr reich ausgeschmückt, wie Fragmente von farbigem Schiefer und Marmor, von Mosaiken und Fresken bezeugen. Im Volksmund trug die Ruine noch später den Namen
„Marmorkirche der allreinen Gottgebärerin". Wladímir hatte sie sogleich mit dem kostbaren Beutegut – Ikonen, Kreuzen und Gefäßen
griechischer Arbeit aus Korsunj – ausgestattet. Vor der Kirche stand
eine gleichfalls auf der Krim erbeutete Bronze-Quadriga. Weiter waren für den großen Haushalt des Fürsten steinerne Nebenbauten auf-
geführt, in denen er mit seiner „Drushina" Feste feierte.

In jener Zeit hatte sich auf der Straße von den Warägern zu den
Griechen ein lebhafter Handel entwickelt, obwohl es immer wieder
zu kriegerischen Auseinandersetzungen zwischen Russen und Griechen kam. Kaiser Konstantin Porphyrogénetos (912–959), dessen
Palast noch heute in Istanbul steht, hat in seinem Werk „Von den
Völkern" einen interessanten Bericht über die Art der Tributerhe-
bung bei den Rhos (Russen) niedergelegt. Aus den Städten, welche
die Handels- und Gewerbezentren an den Flüssen bildeten, begaben

sich die Fürsten im Spätjahr auf das Land, um ihr Handelsgut zu sammeln. Sie überwinterten bei den Slawenstämmen und forderten Abgaben an Einbäumen, Rauchwerk, Honig und Wachs. Dazu kam die Tscheliádj, die menschliche Beute. Die Masse der Erbeuteten wurde zu Sklaven gemacht. Dann schlossen sich „Gesandte", die Beamten der Fürsten, und „Gäste", die freien Kaufleute, zusammen und fuhren im Juni stromabwärts nach Konstantinopel. Es bestand vorwiegend Tauschhandel. Die Russen tauschten gegen ihre Waren Seidenstoffe, Gold, Wein und Gewürze ein. Als Währung dienten der silberne arabische Dirhem und die byzantinische Goldfibel. War die Handelssaison abgelaufen, so erhielten die Russen vor ihrer Heimfahrt von der griechischen Regierung Lebensmittel für die Reise und Schiffsgeräte: Anker, Tauwerk, Segel. Allerdings war die Reise durch die Steppe gefährlich, besonders an den Stromschnellen des unteren Dnjeprlaufes und längs der Meeresküste. So bestand auch die Tätigkeit Wladímirs und seiner Nachfolger in ununterbrochenen harten Kämpfen mit den asiatischen Nomaden, den Petschenégen, später den Pólowzern. Diese Kämpfe haben sich in den russischen Heldenliedern niedergeschlagen, in deren Mittelpunkt Fürst Wladímir in ähnlicher Weise steht wie zweihundert Jahre zuvor Karl der Große unter seinen Paladinen. Wladímir hielt mit dem angrenzenden Europa Verbindung. Die Nestorchronik endet ihren Bericht über ihn: „Und er lebte in Frieden mit den benachbarten Fürsten, mit Boleslaw, dem Ljachenfürsten (Polen), und mit Stephan von Ungarn und mit Oldrich von Böhmen, und es herrschte Frieden zwischen ihnen und Freundschaft... Im Jahre 1015 starb Wladímir in Kiew und wurde in der Kirche der heiligen Gottesmutter aufgebahrt... Dies ist ein neuer Konstantin des großen Rom, der sich und sein Volk taufen ließ; ihm ähnlich hat er auch gehandelt..."

3. Die Sophien-Kathedrale und das Höhlenkloster

Unter Wladímirs Sohn, Jarosláw dem Weisen (1019–1054), wurde die Stadt bedeutend erweitert. Er wollte mit Kiew nichts Geringeres als eine Nachahmung Konstantinopels schaffen, daher nannte er das Haupttor das „goldene" und die Hauptkirche „Sophien-Kathedrale" (1037–1052; Abb. 1). Eine Hauptstraße führte durch die Stadt, die mit den goldenen Kuppeln ihrer Bauten zu den schönsten Städten Europas zählte. Leider ist die Sophien-Kathedrale auf uns nur in völlig verunstalteter Form gelangt. Sie hat unter Feuersbrünsten, Zerstörungen, Umbauten und Restaurierungen sehr gelitten. Wir fügen hier die Zeichnung des Reisenden Abraham Westerfield aus dem Jahre 1651 bei. Sie zeigt die Kirche vor ihrem entstellenden Barock-Umbau. Im Unterschied zur Zehnt-Kirche (Dessjatínnaja) stellte die Sophien-Kathedrale eine fünfschiffige Kreuz-Kuppelkirche mit fünf Apsiden, einer gewaltigen Zentralkuppel und zwölf kleineren Kuppeln dar (Fig. 3). Später kamen noch Galerien hinzu, die ausgebaut wurden. – Im Westen flankieren zwei mächtige Treppentürme die Fassade. Breite Wendeltreppen führen zur dreiseitigen Empore, dem Platz für die fürstliche Familie und ihr Gefolge. Trotz aller Verunstaltungen bietet das Innere der Sophien-Kathedrale noch einen erhabenen und harmonischen Anblick. Alle Wände sind mit Fresken bedeckt, während die Hauptapsis und -kuppel ein wunderbar erhaltenes Goldmosaik (Abb. 2, 3, 4) aufweist. Nur eine niedrige Altarschranke trennte das Allerheiligste vom Gemeinderaum. So war und ist in der Mitte die Gottesmutter mit erhobenen Armen voll sichtbar (Abb. 5, 6). Auf dem Bogen über der Apsis stehen in griechischer Sprache die Worte des 46. Psalms, Vers 6 geschrieben: „Gott ist in ihrer Mitte; sie wird nicht wanken, Gott schützt sie, schon wenn der Morgen tagt." Es ist ergreifend, zu entdecken, wie von Anbeginn die „Mutter aller russischen Städte" unter den Segen jenes Psalms gestellt wurde, der später einen Martin Luther zu seinem Lied „Ein’ feste Burg ist unser Gott“ begeistert hat. Diese segnend-betende Gottesmutter ist das Zentralmotiv der Sophia geweihten Kirche.

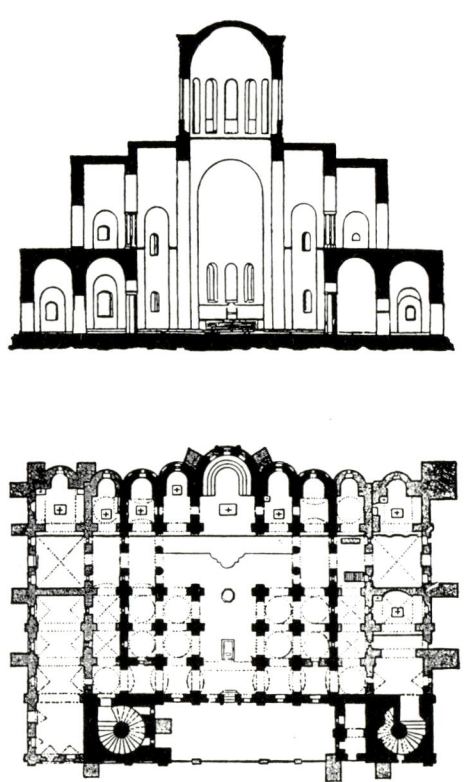

Fig. 3: Aufriß und Grundriß der Sophien-Kathedrale

Scheint nicht die zweite Strophe des 46. Psalms prophetisch wie auf Kiew, die Stadt am Strom, gedichtet? Jedenfalls wurde sie so empfunden.

„Ein Strom. – Seine Verzweigungen durchfreuen die Stadt Gottes,
das Heiligtum der Wohnungen des Höchsten.
Gott ist mitten darinnen,
So wird sie nicht erschüttert.
Gott hilft ihr früh am Morgen.
Es toben Heidenvölker.
Es wanken Königreiche.
Seine Stimme läßt er ertönen,
da zerrinnt die Erde.
Der Herr der himmlischen Scharen ist mit uns.
Der Gott Jakobs ist unsere Burg."

(übersetzt von Rudolf Frieling)

Wir bemerkten schon, daß in diese Gestalt der Gottesmutter die
heidnische Verehrung der Mutter Erde eingemündet ist. Zu dieser
gehört der in der höchsten Kuppel schwebende Pantokrator als Chri-
stussonne (s. Abb. 2). Obwohl es kirchengeschichtlich nicht verbrieft
ist, meinen wir zu erkennen, daß das russische Gemüt, oder sagen wir
besser die Geistlichkeit, indem sie die erste Kathedrale der Sophia
weihte, offenbar auch die Hagia Sophia im Altarbild der Mutter
Gottes verehrte. Wir mögen an die bekannten Sprüche Salomonis
Kapitel 8 denken, die eigenartig mit dem 46. Psalm zusammenklingen. Dort sagt die Sophia von sich selbst: „Der Herr hat mich geschaffen als den Erstling seiner Schöpfertätigkeit, als das früheste
seiner Werke in der Urzeit. Von Ewigkeit her bin ich gebildet, von
Anbeginn an, vor den Uranfängen der Welt... Als er den Himmel
baute, war ich dabei, als er das Himmelsgewölbe abmaß über der
weiten Urflut... als er dem Meer seine Grenze setzte ... als er die
Grundpfeiler der Erde feststellte: da war ich als Künstlerin ihm zur
Seite und war voller Entzücken Tag für Tag, indem ich vor seinen
Augen allezeit spielte, indem ich auf seiner weiten Erdenwelt mein
Spiel trieb, und Entzücken über mich war bei den Menschensöhnen."
Die Magie des Goldmosaiks mag dazu beigetragen haben, daß so

1 Kiew, Sophien-Kathedrale   ▷
2 Kiew, Pantokrator in der Kuppel der Sophien-Kathedrale   ▷

3   Kiew, Sophien-Kathedrale. Goldmosaik an der rechten Seite der Apsis

hohe Weisheit als Ahnung in die russische Seele einziehen konnte und
etwas von der griechischen Geistigkeit aus Byzanz nach Rußland gelangen ließ. Großartig ist auch der Sockel dieser Apsis, wo der Herr
vom engelbewachten Altar Brot und Wein seinen Jüngern zur Rechten und zur Linken austeilt (Abb. 3). Auf den Hauptpfeilern erscheint noch einmal die Jungfrau mit dem Verkündigungsengel in
Goldmosaik.

Zu dem Ewigweiblichen tritt als eine Ergänzung das Ewigmänn-
liche in Gestalt der Kirchenväter und der Märtyrer der Ostkirche
hinzu. Unter der Eucharistie befindet sich nämlich noch der hohe-
priesterliche Rang mit eindrucksvollen Darstellungen von Bischöfen

4 Kiew, Sophien-Kathedrale. Goldmosaik an der linken Seite der Apsis

und Archidiakonen (Abb. 4), vor allem des Johannes Chrysostomos (344–407), dem die Ostkirche ihre Liturgie verdankt; neben ihm Basilius der Große, auf den die kappadokische Liturgie zurückgeht. Der heilige Johannes Chrysostomos war Patriarch von Konstantinopel und ein hochberühmter Prediger. „Seine" Liturgie ist ursprünglich die Stadtliturgie der Hagia Sophia von Konstantinopel gewesen. Sie hat in der Ostkirche ähnliche Verbreitung gefunden wie in der Westkirche die römische Messe.

Unter den Fresken haben sich auch Familienbilder Jarosláws, des Erbauers der Kirche, erhalten, vor allem das Bild von vier Töchtern. Von diesen wurde eine Königin von Norwegen, eine andere Königin

5 *Kiew, Chor und Hauptapsis der Sophien-Kathedrale*   ▷
6 *Kiew, Sophien-Kathedrale. Mosaik der Gottesmutter in der Apsis* ▷

37

von Frankreich. Bemerkenswert ist der altchristlich anmutende Marmorsarkophag Jarosláws mit den noch vorhandenen Gebeinen in einer nördlichen Apsis-Kapelle.

So sehen wir, wie die ältesten Mosaiken in der Sophien-Kathedrale von Kiew Keime zukünftiger Entwicklungen enthalten. Zweifellos waren es Künstler aus Konstantinopel, welche sie schufen, aber ebenso wie bei dem Bau der Kathedrale selbst wurden auch hier russische Werkleute herangezogen. Trotzdem die Kirche heute Museum geworden ist, vermittelt sie mehr von ihrer einstigen Stimmung und Substanz als die zuerst Moschee und dann auch Museum gewordene Hagia Sophia in Konstantinopel.

Wir kommen nun zum Höhlenkloster der Petschérskaja Lawra (Abb. 7). Bereits vom Flughafen her erblickt man über weite Entfernung hinweg den auf dem rechten Ufer des Dnjepr befindlichen 96 m hohen Glockenturm (erbaut 1731–1745 durch Johann Schädel) der Mariä-Himmelfahrts-Kathedrale in der Petschérskaja Lawra. Der Glocken beraubt, ragt er als ein stummes Mahnmal zum Himmel, denn um ihn her ist Leere, verursacht durch die tiefste Wunde, die dem orthodoxen Christentum mit der Zerstörung der Mariä-Himmelfahrts-Kathedrale geschlagen worden ist. Sie wurde 1941 mit vielen Hauptgebäuden Kiews in die Luft gesprengt und war doch das Zentralheiligtum der russischen Erde gewesen. Auch die vielen Gräber mit den mumifizierten Heiligen sind nicht mehr, was sie einstmals waren: Weihestätten der Erinnerung, von unzähligen Pilgern auf den Knien und mit Kerzen in der Hand aufgesucht, von Zelle zu Zelle mit frommen Gebeten begleitet. Die Grabzellen sind heute durch grelles elektrisches Licht wie die Katakomben Roms erleuchtet und werden ihrer Substanz durch die zahllosen Touristen entleert. Ausgelaugt kommt einem die ganze Stätte vor, und man denkt unwillkürlich an jenes andere Mausoleum in Moskau, wohin andere Pilger ziehen.

Begründer des Höhlenklosters war Antonij aus Ljubetsch. Er wollte Mönch werden, besuchte viele Klöster in Griechenland, bis er zum

7   Kiew, Höhlenkloster der Petscherskaja Lawra   ▷

Berge Athos gelangte. Dort ließ er sich scheren und erhielt vom Abt die Weisung: „Kehre nach Rußland zurück; da wirst du vielen zum Heile gereichen, und mit dir sei der Segen des heiligen Berges." Als erster Einsiedler hatte vorher unterhalb Kiews auf dem rechten (hohen) Ufer des Dnjepr Ilarion in einer winzigen Höhle gehaust, bis er von Jarosláw zum ersten russischen Metropoliten der soeben erbauten Sophien-Kathedrale eingesetzt wurde. Antonij bezog dessen verlassene Höhle, dann sammelte er Mönche um sich: „... und von da nahm das Höhlenkloster seinen Anfang" (nach der Nestorchronik unter dem Jahre 1051). Die Petschérskaja Lawra blieb seit ihrer Entstehung mit der Mönchsrepublik auf dem Berge Athos verbunden und natürlich auch mit Konstantinopel, von wo sie durch Vermittlung von Feodossij (Theodosios), dem anderen Begründer des Höhlenklosters, ihre Regel erhielt. In den Jahren 1073–1078 wurde die Mariä-Himmelfahrts-Kathedrale erbaut, dem Grundriß nach der Zehntkirche ähnlich, jedoch nur von einer Kuppel gekrönt. Sie wurde das Vorbild vieler späterer Kirchen, zum Beispiel auch in Nówgorod und Wladímir. Die Anordnung der Mosaiken folgte dem Schema der Sophien-Kathedrale: In der Apsis befand sich die Gestalt der Mutter Gottes (Oranta), unter ihr der Fries der Eucharistie, in der Kuppel die Gestalt des Pantokrators, auf den Wänden Szenen aus den Evangelien, auf den Pfeilern Heilige und Märtyrer. Bei den byzantinischen Mosaikkünstlern, die hier arbeiteten, lernte auch der erste mit Namen genannte russische Ikonenmaler, Alimpij Petschérskij, dessen Bilder (nicht erhalten) weite Verbreitung und Nachahmung fanden. Von der reichen Ausschmückung des Hauptheiligtums im Höhlenkloster kann man sich eine Vorstellung bilden, wenn man die Mosaiken aus der Hauptkirche (1108) des Michail-Slatowerchij-(Djmitri-)Klosters betrachtet. Vor der Niederreißung auch dieser Kathedrale (1934) wurden das herrliche Mosaik der Eucharistie und andere Fragmente ins Museum der Sophien-Kathedrale gerettet (hintere Räume auf der Empore). Die Darstellung des Märtyrers Demetrius Solunskij, des Bischofs von Thessalonike im 7. Jahrhundert, befindet

8 *Kiew, Mosaik eines Engelkopfes in der Apsis des Michael-Klosters* ▷

sich in der Tretjaków-Galerie in Moskau. Das Mosaik der Eucharistie dieser Klosterkirche ist freier, individueller und darum vollkommener als das in der Sophien-Kathedrale. Es offenbart noch stärker die griechisch-hellenistische Tradition. Auch die Farbenpalette ist reicher. Wie beschwingt und in leisem Gespräch miteinander begriffen, schreiten die zweimal sechs Apostel heran, um demütig Brot und Wein aus der Hand des Herrn zu empfangen. Bezaubernd ist Blick und Antlitz des Engels neben dem Altar (Abb. 8). Hier ist die Inschrift oberhalb der Szene bereits kirchenslawisch statt griechisch. Dieses Meisterwerk im Michael-Kloster war das letzte dieser Art auf Kiewer Boden. Die so kostbare und aufwendige Kunst des Mosaiks wurde von der einfacheren Freskenmalerei abgelöst; ihr gehörte die Zukunft in Rußland.

4. Von der Eigenart
des russischen Christentums

Es soll versucht werden, die spezifisch russische Prägung des Christentums in Kürze zu charakterisieren. Sehr früh kamen Einsiedlermönche nach Rußland. Wir finden ihre Höhlen besonders auf der Krim und in der Nähe von Kiew am Westufer des Dnjepr. Viele mögen als glühende Ikonenverehrer aus Byzanz hierher geflüchtet sein, tobte dort doch mehr als hundert Jahre lang (725–842) der Kampf der Ikonoklasten gegen die religiöse Kunst. Rußland aber war insgeheim berufen, die Kirche der Ikonenverehrer zu werden. Die Ikonen sind nur aus griechisch-platonischem Geistverständnis zu begreifen. Danach ist die irdische Welt ein Abbild der Ideenwelt, nur ein Gleichnis. Die himmlischen Urbilder prägen der irdischen Welt ihre vergängliche Erscheinungsform ein. Die Erscheinung Christi hat jedoch auf Erden ein Reich der Dauer begründet. In der Kirche wird dieses Reich Gottes anwesend, denn die Ikonen machen den Raum erst zum Weiheort, wo Himmel und Erde ineinander übergehen. In der östlichen Frömmigkeit hat die Sehnsucht der antiken Griechen, mit den Augen Gott anzubeten, ihre Erfüllung gefunden. Niemals betete der östliche Christ ein Stück bemaltes Holz an; die Unterscheidung von Idee und Kunstgegenstand war vielmehr selbst dem einfachsten Frommen in Fleisch und Blut übergegangen: „Wir vergöttern die Ikone nicht, sondern wissen, daß die dem Bild erwiesene Ehre zu dem Urbild emporsteigt." Bei der Weihe einer Dreifaltigkeitsikone heißt es: „... So bekennen wir, um des dauernden Andenkens willen, Dich als den einzigen gepriesenen Gott, nicht allein mit dem Mund, sondern malen auch die Gestalt, nicht um sie zu vergöttern, sondern damit wir, mit den Augen des Leibes sie anschauend, mit den Augen des Geistes auf Dich, unseren Gott, schauen und indem wir sie verehren, Dich, unseren Schöpfer, Erlöser und Vereiniger, preisen und erheben." Oder in einem Gebet zur Weihe von Heiligen-Ikonen heißt es: „Herr, unser Gott, der Du den Menschen nach Deinem Bild und Deiner Ähnlichkeit geschaffen und, nachdem dieses Bild durch den Ungehorsam des Erstgeschaffenen zerstört war, es erneuert hast durch die Fleischwerdung Deines Christus, der Knechtsgestalt annahm und von Ansehen ward gleich wie ein Mensch, und (das Bild Adams) in die erste Würde unter Deine Heiligen wieder zurückgeführt hast – indem wir ihre Ikonen andächtig verehren, verehren wir die Heiligen selbst, die Dein Bild und Deine Ähnlichkeit sind. Durch ihre Verehrung verehren und verherrlichen wir Dich als ihr Urbild."

Nach dem Eremiten Antonij wurde – wie schon gesagt – der eigentliche Begründer des Kiewer Höhlenklosters Feodossij. Er führte das Koinobion, d. h. das gemeinsame Leben der Klosterbrüder ein; und immer hat es im russischen Christentum beide Arten des Mönchtums gegeben – wie auch heute noch auf dem Berge Athos: die strenge Zurückgezogenheit von der Welt mit der mystischen Versenkung der Hesychasten, aber auch das Gott wohlgefällige Leben in der Welt, das nur durch Askese (Fasten) und Taten der Liebe in der Nachahmung Christi und der Apostel möglich wird. In der ältesten, original-russischen Heiligenlegende, die vielleicht auf den Verfasser der Nestorchronik zurückgeht, wird Feodossij ein irdischer Engel und himmlischer Mensch genannt. Er war es auch, der den Bau der Mariä-Himmelfahrts-Kirche begonnen hat. Und so werden beide, der heilige Antonij und der heilige Feodossij, in einer anderen Chronik genannt: „die ersten großen Kerzen, entzündet im Namen der russischen Erde vor dem Bildnis des Welterlösers." Darin kommt wieder die Anschauung zum Ausdruck, daß der Heilige das himmlische Urbild auf Erden verwirkliche, wie der Kultus das Reich Gottes schaffe. Dem russischen Gemüt ging das Heiligenbild, zunächst als Goldmosaik, besonders ein. Zugleich bemerken wir, daß nicht das Kreuz und schon gar nicht der römische Kruzifixus in einer naturalistisch-plastischen Form angenommen wurden. Statt dessen fand die zweidimensionale Ikone ihre höchste Verehrung. Während in der römisch-katholischen Kirche das Sanctissimum, die goldene Monstranz, im Tabernakel verschlossen gehalten wird, um bei besonderen Anlässen gezeigt zu werden, bedeutet dem russischen Gläubigen jede gemalte Ikone die sichtbare, immerwährende geistige Anwesenheit des dargestellten Gotteswesens oder Heiligen.

Die Erscheinung Christi als des Auferstandenen gibt dem ganzen Kultus letztlich das Gepräge. Der griechisch-orthodoxe Gottesdienst ist ein Mysteriengeschehen, in dem das Christusleben und sein Wirken von der Geburt in Bethlehem bis zur Ausgießung des Heiligen Geistes als mystisches Drama *wiederholt* wird. Besonders gewaltig bei dem „Großen Eingang", wenn die Opfergaben feierlich durch den Kirchenraum ins Allerheiligste getragen werden und der Hymnus erklingt: „Wir, nach Mysterienweise Cherubine offenbarend und vor der Leben schaffenden Dreieinigkeit den dreimal heiligen Gesang anstimmend, legen ab jede irdische Sorge, auf daß wir den Herrscher des Weltalls verehren, den Engelschöre unsichtbar im Triumph hertragen auf goldenem Schild und auf goldenen Speeren! Halleluja!"

Für den Westeuropäer mit seiner Distanz zu den Dingen sind die unmittelbare Beziehung, die der Russe zu den heiligen Gegenständen ganz selbstverständlich einging, und ein solcher Kultus kaum vollziehbar. Hierher gehört das Küssen des Kreuzes, der Priesterhand und vor allem der Ikonen. Man möchte dabei an das Wort Rudolf Steiners denken, daß die Religion des kleinen Kindes leiblich sei. Und in der Tat: sieht man gelegentlich noch heute die tiefe Devotion, mit der etwa ein alter Mann den Fußboden der Kirche mit der Stirn berührt oder mit der er kniend über sich das große Kreuz schlägt, dann stellt sich hier eine Leib-Seele-Einheit dar, wie sie in solcher Selbstlosigkeit nur dem Kinde von Natur her eignet.

Hiermit in Zusammenhang steht wohl auch, wie das russische Christentum sich seine Heiligen und ihre Verehrung schuf. Zu den allerersten Helden des Volkes, d. h. aber Heiligen, wurde das fürstliche Brüderpaar Boris und Gleb erkoren (Abb. 9). Als Wladímir 1015 starb, riß Swjatopólk, einer seiner jüngeren Söhne, die Herrschaft an sich. Dabei ließ er Boris, der das Heer befehligte, und dessen von derselben Mutter geborenen Bruder Gleb durch Meuchelmord umbringen. Swjatopólk wurde schließlich von dem rechtmäßigen Nachfolger des Vaters, Jaroslív, besiegt und endete als Flüchtling in der Fremde. Was die beiden unschuldigen Opfer, Boris und Gleb, dem russischen Volk so teuer machte, war ihre Standhaftigkeit,

mit der sie, ohne sich zu wehren, in den Tod gingen. Dadurch, daß diese beiden in der Blüte ihrer Jugend und in Liebe zu Christus den Opfertod starben, wurden sie offenbar zu Schutzengeln und Geistes- kämpfern des noch so jungen russischen Volkes. Ihre Doppelikone zählt zu den häufigsten Darstellungen, ähnlich wie die des heiligen Djmitri, der auch den Märtyrertod starb.

◁ *9 Leningrad, Ikone der Fürstenbrüder Boris und Gleb*

5. Nowgorod, Geschichte und Bauten

Mit Nówgorod (Neustadt) werden wir an das andere Zentrum des sich bildenden russischen Volkes herangeführt. Hier gaben sich, wie in Kapitel 1 schon geschildert, drei Volksgruppen ein Stelldichein: Waräger, finnische und slawische Stämme. Die älteste Chronik erzählt, daß Rjurik sich in Nówgorod ansiedelte. Das geschah Anfang des neunten Jahrhunderts. Nach einem anderen Bericht wählte Rjurik zuerst Alt-Ládoga zu seinem Wohnsitz. Dadurch wird die Bezeichnung des späteren Wohnsitzes als Neustadt (Nówgorod) erklärlich. Bereits die Nachfolger Rjuriks entdeckten den direkten Wasserweg nach Konstantinopel über den Ilmensee, die Lowatj, den Dnjepr und das Schwarze Meer. Diese Wasserstraße bildete für viele Jahrhunderte den lebendig pulsierenden „Seelenstamm" für das werdende erste Russische Reich, das sich wie noch träumend aus vielfältigen Komponenten herauszugestalten begann. Zunächst war das nordgermanische Element tonangebend. Dabei wurde das Christentum, wie wir gesehen haben, über Kiew aus Byzanz eingeführt.

In dem aus Holz erbauten Nówgorod war die Sophien-Kathedrale der erste und zugleich monumentale Steinbau. Ihre Vorgängerin, aus Eichenholz erbaut und mit 13 Kuppeln versehen, war verbrannt. In nur sieben Jahren (1045–1052) errichtete Wladímir, der Sohn des Großfürsten Jarosláw von Kiew, die wie die Sophien-Kathedrale in Kiew fünfschiffige Kirche (Fig. 4). Sie überrascht durch ihre einfache Strenge. Asymmetrisch erscheint sie nur durch die sechste Kuppel, die sich über dem Treppenturm erhebt. Die mittlere und Hauptkuppel ist wiederhergestellt und neu vergoldet, nachdem in den erbitterten Kämpfen um Nówgorod im Zweiten Weltkrieg Granaten ihren oberen Teil mit der unvergleichlichen Darstellung des Pantokrators zerstört hatten. Auf der Spitze des höchsten Kreuzes sitzt wiederum die Taube des Heiligen Geistes. Im Vergleich zu der leider im Barock-

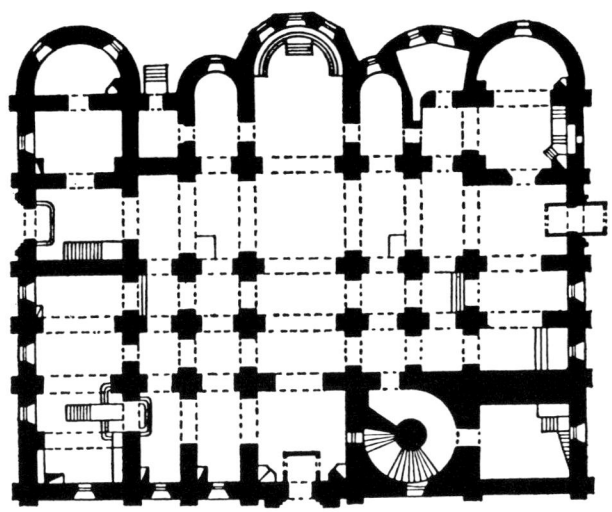

Fig. 4: Grundriß der Sophien-Kathedrale in Nówgorod

stil umgebauten Kiewer Sophien-Kirche trägt diese Kathedrale noch ihr urtümliches Gepräge, besonders durch die an altrussische Helme erinnernden Kuppeln (Abb. 10). Auch strebt sie mehr in die Höhe, während sich jene breit lagert. Im Inneren spiegelt die Raumgestaltung die alte soziale Ordnung wider: Auf der Empore residierte der Fürst mit seiner Gefolgschaft, während das Volk im Erdgeschoß stand.

Auf der westlichen Empore befanden sich die geheimen Schatzkammern des Staates und die Bibliothek. Bronze-Doppeltüren schmücken das Westportal der Kirche. Es sind die früher „Korsuner", jetzt „Sigtuner" genannten Türen. Ihre romanischen Hochreliefs stellen Szenen aus dem Alten und Neuen Testament dar (Abb. 11).

Es ist reizvoll, die Selbstdarstellung des russischen „Meisters Awraam" ins Auge zu fassen. Er wird die Türen neu gerichtet und mit den russischen Aufschriften versehen haben. Er trägt ein großes

10 *Nówgorod, Sophien-Kathedrale* ▷
11 *Nówgorod, Westportal der Sophien-Kathedrale* ▷

51

Kreuz am Hals und repräsentiert würdig seinen Stand als freier Bürger von Nówgorod. Die Bronze-Doppeltüren wurden wohl 1152 bis 1154 in Magdeburg auf Bestellung des Bischofs Wichman von den dortigen Meistern Rikwin und Waismuth gearbeitet. Wahrscheinlich wurden sie im Jahre 1187 als Siegesbeute von den Nówgorodern aus Sigtuna in Schweden herübergebracht. Sie unterscheiden sich durch ihre Plastizität von allen „goldenen Türen", die wir im Wladímir-Susdaljschen Raum kennenlernen werden mit deren feuervergoldeten Bronze-Platten, die einen ganzen „Atlas" der Ikonographie darstellen. Die romanischen Magdeburger Türen sind jedenfalls ein sprechendes Zeugnis für die enge Verflochtenheit Nówgorods mit Westeuropa (Abb. 12, 13, 14).

Besonderes Interesse dürfte das „Sonnenkreuz" des Erzbischofs Aleksij aus dem 14. Jahrhundert beanspruchen (Fig. 5). Es stand

12, 13, 14 Nówgorod, Details vom Westportal. Himmelfahrt des Elias, Einzug in Jerusalem, thronende Madonna ▷

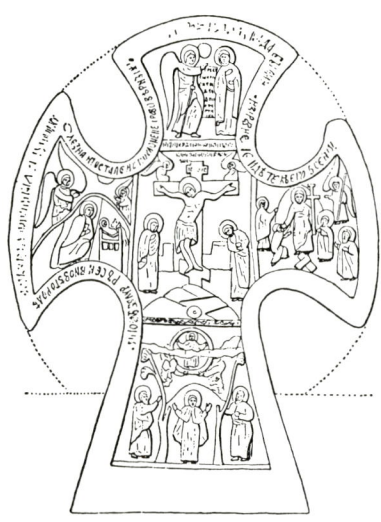

Fig. 5: Kreuz des Nowgoroder Erzbischofs Alexius 1359–1389, in der Wand der Nowgoroder Sophien-Kirche.

früher außerhalb der Kathedrale und ist nur eines von vielen ähnlichen Zeugnissen eines gewissen „Sonnenchristentums" im Gebiet von Nówgorod, wie es sich viele hundert Jahre früher auf Irland missionskräftig nach ganz Europa hinein wirksam erwiesen hatte*.

Aber wir sind vorausgeeilt und müssen auf die drei Generationen fürstlicher Erbauer zurückkommen, die Nówgorod groß gemacht haben: Wladímir Jaroslawitsch, Mstislaw Wladimirowitsch und Wséwolod Mstisláwitsch. Der erste erbaute die Sophien-Kathedrale in Nacheiferung seines Vaters Jarosláw, der in Kiew die Sophien-Kathedrale errichtet hatte. Wséwolod erbaute im Jahre 1113 auf dem rechten Ufer des Wolchow im sogenannten Jarosláw-Hof die Nikolauskirche, die zunächst als Hofkirche diente; dann um 1100 am Ilmensee das Jurjew-Kloster mit der Georgs-Kathedrale (1119; Abb. 15). Ein russischer Architekt namens Piotr schuf hier den für Nówgorod typischen strengen Bau. Überaus aufschlußreich wird der Vergleich mit der Djmitri-Kathedrale von Wladímir werden. Deren mit Reliefs übersäte Fassaden bilden den stärksten Kontrast zu der klaren, fast kargen Wandgestaltung der Georgs-Kathedrale am Ilmensee. Alle diese Kirchen folgen dem Sechsstützensystem der dreischiffigen Uspenije-(Mariä-Himmelfahrt-)Kathedrale des Kiewer Höhlenklosters. Die Georgskirche ist der letzte monumentale fürstliche Bau. Im Jahre 1136 wurde der Fürst Wséwolod Mstisláwitsch von der Bürgerschaft Nówgorods ausgetrieben. Die Stadt erhielt ihre republikanische Verfassung und regierte sich selbst durch das „Wjetsche", die Volksversammlung. Die Rolle des Fürsten, den man nun nach Wahl berief oder absetzte, war zu der eines Lehnsmannes geworden. Er durfte nicht in der Stadt wohnen, sondern war 3,5 km südlicher im Gorodischtsche ansässig, einem Gebiet am Ilmensee.

Die Volksversammlung wurde durch die Wjetsche-Glocke zusammengerufen (Fig. 6). An der Spitze stand der Bischof, später Erzbischof, ihm zur Seite der Rat der Herren, Sowjet der Bojáren ge-

---

* Siehe des Verfassers Buch „Der Unbekannte Gott", S. 132 f. und Anmerkung 8, Stuttgart 1967.

Fig. 6: *Die Nowgoroder läuten die Wetscheglocke.*

17 Nówgorod, Christi-Verklärungskirche

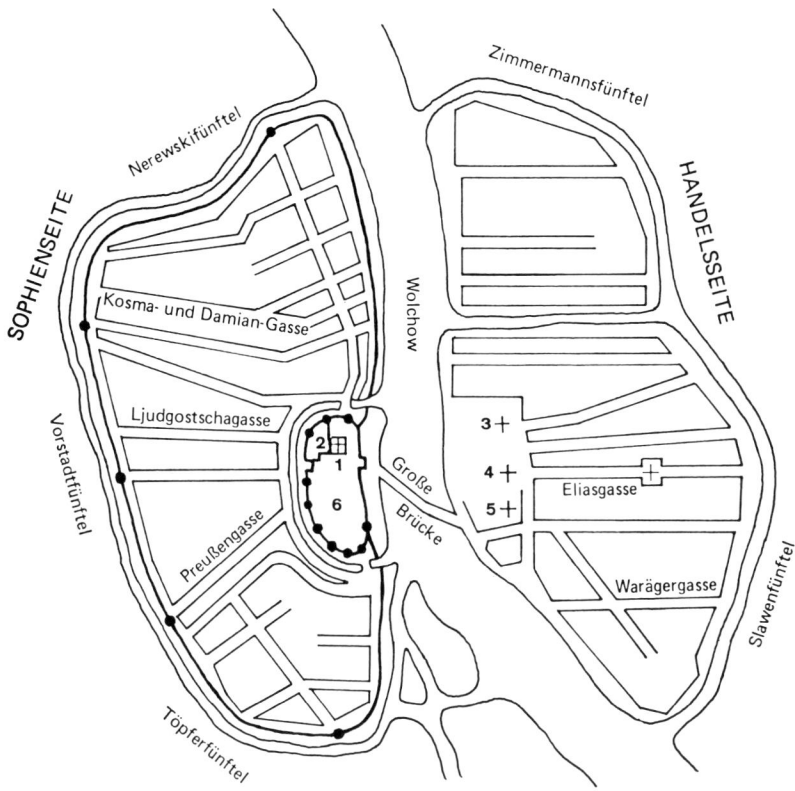

Fig. 7: Stadtplan von Nówgorod. 1 Sophien-Kathedrale, 2 Hof der heiligen Sophia, 3 Markt, 4 Paraskewa-Pjatniza-Kirche, 5 Jaroslawhof, 6 Kreml

nannt. Die Nowgoroder Patrizier verfügten über sehr ausgedehnten Grundbesitz, hatte doch Gospodin Welikij Nówgorod, „Seine Herrschaft Groß-Nówgorod", fast den ganzen Norden Rußlands bis an das Weiße Meer und östlich bis an den Ural mit seinem Handel, seinem kulturellen Einfluß überzogen und sich dienstbar gemacht. Dieses riesige Gebiet hieß „das Land der heiligen Sophie". Die Stadtrepublik erhielt sich über dreihundert Jahre selbständig und kann darin nur mit Florenz oder Venedig verglichen werden. – Auf die Bojáren folgten in der Rangordnung die wohlhabenden Leute, dann als Mittelstand die eigentlichen Kaufleute. Die Schwarzen Leute waren die

Handwerker und Arbeiter. Nówgorod prägte auch eigenes Geld. Auf der Silbermünze war die Weisheit mit Flügeln dargestellt, vor ihr ein Kaufmann, der einen prallen Geldsack opfert. Das war aus der heiligen Sophia geworden! In Konstantinopel sehen wir auf vielen Mosaikbildern schon 100 Jahre früher die Herrscher ähnliche Gaben der Gottesmutter (!) darbringen.

Auf dem Nowgoroder Kreml wurden 1940/41 die Überreste einer Boris und Gleb geweihten Kirche ausgegraben, die im Jahre 1167, also nach dem bürgerlichen Umsturz, der Bojár Sotko Sytinytsch erbaut hatte. Diese Kirche war ähnlich den oben genannten Bauten auch auf sechs Pfeilern errichtet und stand auf dem Platz der verbrannten hölzernen Sophienkirche. In ihrer Bauweise nahm sie eine Mittelstellung zwischen den fürstlichen und den späteren bürgerlichen Bauten ein. Sie ist dadurch bemerkenswert, daß ihr Erbauer mit dem sagenhaften Kaufmannsgast Sadkó identisch zu sein scheint, dessen Byline wir im Anhang bringen.

Auf dem rechten Ufer des Wolchow (Fig. 7) befindet sich auch die Paraskewa-Pjatniza-Kirche (Abb. 16). Sie wurde im Jahre 1207 erbaut und leitete den neuen bürgerlichen Baustil in Nówgorod ein. Diese Übersee-Kirche erinnert durch Portale und Pilaster besonders stark an westliche Romanik. Der Kuppelturm ist ursprünglich größer gewesen. Im Innern zeugen Lagerräume an Stelle von Emporen vom praktischen Kaufmannsgeist. Die Bürgerschaft von Nówgorod bevorzugte kleinere und niedrigere Bauten, die den kubischen Baukörper und das Vierstützensystem mit einer Kuppel verwenden. Ihre klassische Vollendung finden sie in der Kirche des Fedor Stratilat (1360/61) und in der Christi-Verklärungskirche (Abb. 17).

6. Der Großkaufmann.
Kishís Holzarchitektur

Auch die Kolonisierung Nordrußlands geschah über die Wasserwege. Vom Ilmensee über den Wolchow zum Ládogasee und weiter zum Onégasee bis hinauf zum Weißen Meer führt eine alte Wasserstraße, wie umgekehrt vom Ilmensee über die Lowatj und die Schleifstellen zum Dnjepr, an Kiew vorbei hinunter zum Schwarzen Meer und nach Konstantinopel. Das ist für uns, die wir auf der Landkarte die größten Entfernungen mit einem Blick umspannen können, leicht zu überschauen. Für die Kauffahrteischiffer von Nówgorod bedeutete es ein Abenteuer. Welcher Wagemut gehörte dazu, mit den geteerten Holzschiffen durch dichtes Waldgebiet und über einsame Schleifstrecken sogar bis zur Wolga vorzudringen und dann die Bernsteinstraße zwei-, dreitausend Kilometer weit zum Kaspischen Meer hinabzufahren! Zu Unrecht sind wir gewohnt, diesen durchaus noch sagenhaften Zeiten unsere Bewußtseinsform, die doch naturwissenschaftlich geschult ist, zuzuschreiben, denn wir haben es selbst bei den kirchlich gebildeten Menschen von damals und erst recht bei der Masse mit einem träumend hellseherischen, instinktiven Bewußtsein zu tun. Vergleichsweise könnten wir sagen: Ihre Fahrten bewegten sich weitgehend wie durch dichte Nebel, ja durch die Nacht der Ungewißheit, während wir – nach Möglichkeit - im klaren Tageslicht reisen und sogar fliegen. Bedenken wir auch, daß zwar die aus Nówgorod stammenden Kolonisten seit dem 11. Jahrhundert Christen waren, daß dagegen die finno-ugrische Urbevölkerung noch 500 Jahre und länger heidnisch blieb. Sowohl diese als auch jene bewahrten treu altes Volksgut. In Finnland und Karelien wurden erst im 19. Jahrhundert die Kalewala-Gesänge durch E. Lönnrot und die russischen Heldengesänge, Bylinen, durch P. U. Rybnikow und seine Nachfolger entdeckt und aufgezeichnet. Finnen und Russen lebten hier freund-nachbarlich zusammen; eine letzte Geringfügigkeit spricht noch heute davon, indem in Petrosawódsk am Westufer des Onégasees die Straßenschilder zweisprachig sind. Es ist bezeichnend, daß Rybnikow gerade die Byline vom reichen Gast Sadkó, dem Großkaufmann von Nówgorod, als erste wiederentdeckte, und zwar als er auf einer Insel im riesigen Onégasee übernachtete.

Eine andere Insel vor dem Ostufer, Kishí, ist heute ein berühmtes Reiseziel. Kolonisatorische Macht in Nordrußland und Handelsmacht im Verkehr mit Westeuropa durch die Hanse, trat Nówgorod auch als Verteidigungsmacht besonders gegen Schweden und den Deutschen Ritterorden in Erscheinung (1240–1242). Im Jahre 1237 war der Tatarensturm über Rußland hinweggefegt. Das Gebiet um Nówgorod war verschont geblieben. Warum? Sollten nur die Sümpfe und die vorgerückte Jahreszeit die Tataren zum Abbiegen nach Süden veranlaßt haben? Oder kam hier noch anderes mit ins Spiel, wie später bei der Schlacht von Liegnitz? Etwas vom Ritter Georg muß auch den Nowgoroder Anführer Alexander Newski umgeben haben. Er zeigte sich selbst den Deutschen Rittern überlegen. Rom benutzte die Gelegenheit des Zweifrontenkrieges und versuchte, sich das Hinterland der Ostsee anzueignen. Aber Fürst Alexander Newski von Nówgorod schlug die Angreifer vernichtend auf dem Eise der Newá und des Peipussees. Für Nówgorod erwirkte er bei dem Großchan der Tataren erträgliche Bedingungen des Tributs. Als er am 14. November 1263, auf dem Rückweg von der „Goldenen Horde", starb, wurde sein Hingang in allen russischen Landen betrauert. – Peter der Große hat ihn zum Patron von St. Petersburg gemacht, indem er dort das Alexander-Newski-Kloster gründete.

Wir können die Bedeutung Groß-Nówgorods für die russische Geschichte gar nicht hoch genug veranschlagen. Es war eine föderalistische Welt und anderen Geistes als Moskau, das von Anfang an und immer stärker ein zentralisierendes Prinzip vertrat. Schon durch Andrej Bogoljúbskij brach der Konflikt aus. Im Jahre 1169 belagerte er mit seinem Susdaljer Heer Nówgorod. Nach der Legende errettete die Nowgoroder allein das Banner der Mutter Gottes, die Snámenje genannte Ikone. Dieses Geschehen ist oft gemalt worden (s. S. 76), besonders auch als Symbol für den im 15. Jahrhundert ausgebrochenen Kampf mit Moskau. Gehörte Nówgorod nicht zu Rußland? Es gab und gibt die Tendenz, Rußland als einen Einheitsstaat zu sehen. Dem russischen Wesen ist aber geheimnisvoll die Zwei eingezeichnet. Dieser scheinbare Zwiespalt ist im Grunde sein Reichtum. Nur in einer höheren Synthese wird er aufgehoben werden können. Später verkörperte er sich zum Beispiel auch in der Zweiheit von St. Petersburg (Leningrad) und Moskau, die so deutlich dem heutigen Besucher vor Augen tritt. Tragisch wurde die Feindschaft zwischen Groß-Nówgorod und Moskau durch die zweimalige brutale Zerstörung der Stadt; die Zaren von Moskau wollten keine andere Macht neben sich dulden, die so enge Beziehungen zu Westeuropa, vor allem zu den Ostseeländern und zu Litauen-Polen unterhielt. So unterwarf Iwan III. Groß-Nówgorod entschlossen seinem Willen. Im Jahre 1478 mußten die Nowgoroder durch Küssen des Kreuzes seine unumschränkte Macht als Gossudárj, als Großherr, anerkennen, und die Wjetsche-Glocke wurde nach Moskau abtransportiert. Alle Lande der heiligen Sophie wurden dem Moskauer Staatsgebiet einverleibt. Groß-Nówgorod existierte als freies Gemeinwesen nicht mehr ... Der „Ruhm", Nówgorod endgültig zerstört zu haben, blieb jedoch Iwan IV. dem Schrecklichen vorbehalten. Im Jahre 1570 rückte er mit seinem Heer vor die Stadt, ließ sich vom Erzbischof empfangen und veranstaltete darauf fünf Wochen lang einen Pogróm. Auf grausamste Weise sollen über 60 000 Bürger jeden Alters und Geschlechts umgebracht worden sein. Kirchen und Klöster wurden geplündert. Von dieser Vernichtung hat sich die Stadt nie mehr erholt.

Der selbständige Nowgoroder Geist tat sich auch in verschiedenen Ketzerströmungen kund. Meist waren sie vom Westen her beeinflußt, und zwar seitens der vorreformatorischen Bewegungen. Man sieht in ihnen heute Waldenser und Hussiten. Später, als sich der durch die Macht der Moskauer Zaren drohende Untergang anzuzeigen begann, verbreitete sich apokalyptisches Schrifttum. Immer mehr sollte die Bibel an die Stelle des Kultus gesetzt werden. Und schließlich flohen die durch die Neuerungen des Patriarchen Nikon im 17. Jahrhundert religiös verschreckten Raskólniki in die unermeßlichen Wälder des einstigen Landes der heiligen Sophie von Nówgorod.

Um von diesem Bereich und von der längst untergegangenen Holzarchitektur des alten Rußland annähernd eine Vorstellung zu gewinnen, folgen wir der ehemaligen Wasserstraße von Nówgorod nordwärts. Wir begeben uns nach Petrosawódsk am Onégasee nord-östlich vom alten Petersburg und betreten dort, nach anderthalbstündiger Blitzfahrt auf dem Turbinenschiff Kishí, eine seiner 1650 Inseln. Der finnische Name weist darauf hin, daß hier im heidnischen Altertum „Spiele", kultische Feiern, abgehalten wurden.

„Der russische Norden und Karelien stellen eine einzigartige historisch-gewordene Schatzkammer der volkhaften Holzarchitektur dar... Einst war die ganze Russj in Holz gebaut. Aus einem Dorf ins andere, von Stadt zu Stadt zogen die Zimmermanns-Artéls und schufen staunenswerte Baudenkmäler", so schreibt der Architekt A. W. Opolównikow, unter dessen Leitung die Holzkirchen restauriert und in ihrem ursprünglichen Aussehen wiederhergestellt wurden. Da der Einbruch der Tataren nicht so weit nach Norden vorgedrungen war, konnten sich die alten Traditionen, wie sie auf Kiew zurückgingen, in ihrer Reinheit erhalten. „Der russische Norden ist ein Gebiet starker und mutiger Menschen, von Bauern und Fischern, Jägern und Holzfällern, Zimmerleuten und Dichtern." Nie herrschte dort Leibeigenschaft. Das Gebiet um den Onégasee war eines der fünf großen Gebiete Nówgorods. Die Stadtrepublik mußte ihre Ländereien in Dutzenden von Kriegen gegen Schweden und Norwegen, den livländischen Orden und Litauen verteidigen. Schon im 11. Jahrhundert siedelten dort Bauern und Handwerker, Einsiedler-Mönche und Flüchtige. Was sie anlockte, waren der reiche Fischfang, Salz und Glimmergewinnung, Perlen, Pelzwerk sowie Walroßzähne. Vom 12. Jahrhundert an breiteten sich die riesigen Besitztümer der Klöster und des Bojárenadels aus. Bis ins 15. und 16. Jahrhundert wehte der Geist des Nówgoroder Wjetsche, wurden die Kirchenglocken in eigener Angelegenheit geläutet. Dann ging die Verwaltung an Moskau über. Im 17. Jahrhundert wurde der Norden zu einer Hochburg der Altgläubigen in der erwähnten Zeit des Raskól, der Kirchenspaltung, wohin Tausende vor den Kirchenreformen des Patriarchen Nikon flüchteten. Als Peter der Große im Nordischen Krieg Schiffe und Kanonen brauchte, wuchs um den Onégasee eine Metallindustrie, die auch die Bewohner von Kishí zur drückenden Fabrikarbeit verpflichtete. Dennoch entschloß sich die Bevölkerung im Jahre 1714 zu dem

18   Kishí, Verklärungs- und Mariä-Schutz-Kirche am Onégasee

großartigen Neubau der Verklärungskirche (Abb. 18). Die schwedische Grenze war weit nach Westen zurückgedrängt, ein siegreicher
Friede stand nahe bevor. In dieser freudigen Stimmung trat der er-
habene Bau der zweiundzwanzigkuppeligen Holzkirche in Erscheinung. Igor Grabar nannte ihre Komposition ein beispielloses Wunder. In fünf Stufen erheben sich die jeweils dreigliedrigen Kuppel-
firste als imposante Holzpyramiden 37 m hoch. Dabei ist keine
Spielerei, vielmehr technisch perfektes Können für die mit Schindeln
überdeckten Formen maßgebend, um die bestmögliche Ableitung des
Regenwassers zu erzielen. Bewundernswert, wie harmonisch die Formen zusammenklingen! Dieser Bau führt zur Vollendung, was die
russische Holzarchitektur in vielen Jahrhunderten hervorgebracht

hat. Angefangen mit der aus Eichenholz errichteten, mit 13 Kuppeln versehenen Sophien-Kathedrale in Nówgorod (11. Jahrhundert), strebten alle diese Bauten in die Höhe, um immer schöner und festlicher zu werden, bis dann mit der Christi-Verklärungs-Kirche auf Kishí der Höhepunkt des Schaffens erreicht war. Nicht zu Unrecht erzählt die Legende, daß der Erbauer nach der Fertigstellung seine Axt in den Onégasee warf und ausrief: „Diese Kirche errichtete Meister Nestor. Nie war, noch ist oder wird sein eine, die ihr gleicht!"

Man muß sie zu verschiedenen Tageszeiten sehen: „Die mit silbrig glänzenden Schindeln bedeckten Zwiebeln, Trommeln und Kokoschniks scheinen in den nördlichen weißen Nächten wie mit einem rätselhaften, fast phosphoreszierenden Glanz versehen zu sein; beim Untergang, wenn die Sonne langsam und majestätisch sich zur Wasseroberfläche des Sees niederläßt, erglühen sie in aufregendem Purpur. Bald sind sie blau oder bleiern wie der Himmel über ihnen, bald grün oder braun wie die Erde unter ihnen ... Der ganze Bau klingt wie ein feierlicher Choral, ist wie gefrorene Musik." Er hat etwas von märchenhaften Palästen und von den Balladen der Gotteshelden. Dabei ist er einfach, logisch durchdacht und schlicht wie alle Bauernhäuser. Ihm liegt ein Achteck mit vier Vorbauten im Kreuz zugrunde. Dies war früh ein beliebter Typus für hölzerne Kirchen. Der Bau verjüngt sich nach oben zur Pyramide und bietet durch die Vielzahl der Kuppeln immer neue Perspektiven. Das Hauptgeheimnis beruht in der wechselnden Größe der Kuppeln, die meisterhaft aufeinander abgestimmt sind. Die Verklärungskirche war mit ihrer Rundfassade von überall her gleich gut zu sehen und bildete das Gemeinschaftszentrum für einen ganzen Landstrich. „Sie erinnert durch ihr Aussehen immerfort an die Größe des menschlichen Geistes und seine Herrschaft über die Natur." Die überdeckte Freitreppe war Tribüne und Tribunal zugleich des sich versammelnden Volkes und hat mehrmals Aufruhr gegen die Unterdrückung durch die Zarenherrschaft erlebt. Das Innere der Kirche ist unter einer Hängedecke hell und erhaben und besitzt eine wunderbar geschnitzte Ikonostase. – Die

Verklärungskirche gehört zu den Sommer- oder kalten Bauten. Diese sind langlebiger als die Winter- oder heizbaren Bauten, sie atmen durch alle Ritzen und Spalten, die kein Moos, kein Werg verstopft; je höher sie sind, um so stärker ist der Aufwind, der das Holz austrocknet und weder Pilzbildung noch Fäulnis zuläßt. Dagegen ist in geheizten Kirchen schon das Kondenswasser verderblich.

Neben der Verklärungskirche steht, wie auch sonst in den nördlichen Gebieten üblich, die winterliche „warme" Mariä-Schutz-Kirche; sie ist 50 Jahre jünger als jene, 1764 erbaut. An ihr werden die Anzeichen des beginnenden Niedergangs der Volksarchitektur sichtbar. Die Trapésnaja, der Westraum der Kirche war früher als Versammlungs- und Speisesaal breiter angelegt; jetzt bildet er mit ihr ein monotones, längliches Rechteck. Dennoch fügt sich die Mariä-Schutz-Kirche, besonders durch ihre Zurückhaltung im Kuppelschmuck, wunderbar in das Ensemble ein, das erst durch den hölzernen Glockenturm vollständig wird. Dieser verrät schon durch die Behandlung des Holzes – die Wände sind mit Brettern vernagelt –, daß er aus der echten Volksarchitektur herausfällt. Er ist erst in der zweiten Hälfte des 19. Jahrhunderts erbaut. Allerdings stand früher an gleicher Stelle ein an die alten Wehrtürme erinnernder Turm. Auch die hölzerne Begrenzung der Anlage hat sich nicht erhalten, ist jedoch durch ästhetisch einfühlsame Neugestaltung ersetzt. Bemerkt muß noch werden, daß die Kirchen von Kishí erst seit der durchgreifenden Restaurierung von 1949–1959 in ihrem ursprünglichen Aussehen wiedererstanden sind. Da man im 19. Jahrhundert die Kuppeln mit Eisenblech verkleidet und die Blockwände mit Brettern verschalt hatte, begann darunter das erstickte Holz zu faulen. Es gehörte viel Mühe und Erfindungsgabe dazu, die unersetzlichen Kirchen zu retten und in ihrer Schönheit wiederherzustellen. Dies war den Restaurateuren nur durch die Hilfe der lokalen Zimmermannsleute möglich, eine Tatsache, die auch A. W. Opolównikow in seiner 1970 in Moskau erschienenen Schrift über die Architektur-Denkmäler Kishís bezeugt.

◁   *20 Kishí, Verklärungskirche*

21 *Kishí, Lazarus-Kirche*

Kishí wird gegenwärtig als Museum unter offenem Himmel ausgebaut, mit all den Bestandteilen der Dörfer, die in der Zeit der
Kollektivierung und Technisierung verschwinden. Letzte Reste werden hier als Museumsstücke aus einer Zeit gesammelt, in der die
Dinge noch Ausdruck persönlicher Handarbeit waren: bäuerliche
Wohnhäuser, Speicher, Scheunen, Getreidedarren, Windmühlen. Unter diesen Gebäuden befindet sich auch die kleinste noch erhaltene
poetische Kirche des ersten Missionars von Karelien, Lazarus, vom

72

14. Jahrhundert aus dem Murom-Kloster (Abb. 21). Der Mönch dieses Namens war ein Zeitgenosse des heiligen Sergej. Weiterhin gibt es noch eine Reihe von Dorfkapellen, die keinen Altarraum, doch sehr eindrucksvolle Glockentürme unter einem Zeltdach haben.

7. Das Banner der Gottgebärerin. Feofan Grek und die Nowgoroder Malschule

Wenn wir auf eine russische Maltradition zu sprechen kommen, während bisher stillschweigend der überragende byzantinische Einfluß auf die russische Kunstgeschichte vorausgesetzt werden mußte, so wird damit keineswegs die weitere Abhängigkeit von den spätantik-byzantinischen Vorbildern geleugnet. Wie könnte es auch anders sein, standen sich doch die ausgereifte hohe Kultur von Konstantinopel und die Ausdruckskraft eines jungen, sich erst bildenden Volksorganismus in Rußland gegenüber. Wir wollen hier nicht in den noch andauernden Disput jener Kunstgelehrten eintreten, die sich über die völlige oder nur teilweise oder gar fehlende Abhängigkeit der russischen Kunst von ost- und westeuropäischen Stilformen streiten, am wenigsten aber auf die einseitig materialistische Geschichtsdeutung eingehen, wonach die menschliche Kultur allein in den Produktionsverhältnissen der sich ablösenden Gesellschaftsschichten wurzeln soll. Statt auf naiv atheistische Weise das Christentum abzuwerten, suchen wir im Gegenteil seine geistige Bedeutung für die Erziehung des russischen Volkes herauszuarbeiten. So interessant die Erforschung der Eigenständigkeit wie der Abhängigkeit der russischen Kunstentwicklung ist, scheinen uns doch die Wahlverwandtschaft zu dem überkommenen christlichen Geistesgut und dessen unbeirrbare Pflege durch die Jahrhunderte ausschlaggebend zu sein. Dabei spielt es zum Beispiel keine Rolle, daß die Wladímirskaja Mutter Gottes viele Male übermalt worden ist – sie war und blieb dennoch das Palladium Rußlands; oder daß der eigentliche Begründer der Nowgoroder Malschule, Theophanes (Feofán) ein Grieche aus Konstantinopel war – hat er sich doch ganz mit dem russischen Wesen verbunden. Entscheidend ist das Frömmigkeitsverhältnis des russischen Menschen zu seinen Ikonen gewesen. Rudolf Steiner spricht von einem „Urverhältnis" des russischen Volkes zu Christus (s. Anhang).

Nach dieser Vorbemerkung wenden wir uns der Stadt Nówgorod zu. Ihre Hauptikone, das Banner der Gottgebärerin – Snámenje –, wurde nach der Legende wirksam, als im Jahre 1169 Andrej Bogoljúbskij Nówgorod belagerte. Da soll durch himmlischen Eingriff die Stadt verschont worden sein. Eine Ikone der Nowgoroder Malschule (Abb. 22), die den Kampf der Nowgoroder mit den Susdaljern darstellt, zeigt, wie die Snámenje in feierlicher Prozession aus ihrer Kirche auf der Handelsseite über die Wolchowbrücke auf die Sophienseite gebracht wird – deutlich ist die Sophien-Kathedrale hinter der Stadtmauer zu erkennen –, in der Mitte, wie die feindlichen Bogenschützen auf die Snámenje schießen, worauf sich die Ikone abgewandt haben soll; von beiden Seiten reiten je drei Parlamentäre aufeinander zu; unten findet der Ausfall der Nowgoroder Bürger statt, an ihrer Spitze die heiligen Fürsten Boris und Gleb und noch andere heilige Krieger; ein Engel hilft vom Himmel her gleichfalls den Sieg erringen. Eine alte Darstellung (Abb. 23) der Gottesmutter Snámenje zeigt sie aufrecht stehend in der gleichen Haltung mit erhobenen Armen und gleichem Gesichtsausdruck, mit dem das Goldmosaik in der Kiewer Sophien-Kathedrale sie wiedergibt, nur ist auf dieser Ikone das Jesus-Kind in einem Medaillon über ihrem Herzen hinzugefügt. Was drückt sich darin aus, daß die Nowgoroder gerade diese Darstellung zu ihrem Banner erwählt haben? Wir meinen, daß dies nur auf dem Hintergrund des mystischen Pfades verstanden werden kann, dem die russischen Einsiedler seit altersher folgten.

Die russischen Mystiker oder Hesychasten rangen um die Gabe des Heiligen Geistes, um die wirkliche Einwohnung Gottes. Dazu war ihnen das „immerwährende Herzensgebet" der Weg. Es war dem demütigen Gebet des Zöllners, Lukas 18,13: „Gott sei mir Sünder gnädig!" nachgebildet und lautete: „Herr, Jesus Christus, Sohn Gottes, erbarme dich meiner!" Von diesem Gebet im Namen Jesu Christi bezeugten sie, daß es „ein wundersames Geheimnis berge. Immerwährend dargebracht, besitze es die Macht, das Herz für Ihn zu er-

22 *Nówgorod, Nowgoroder Schule: Kampf der Susdaljer mit den Nowgorodern* ▷
23 *Ikone der Gottesmutter von Kiew*   ▷

wärmen, vor Seinem Angesicht zu leben, Seine Gebote zu erfüllen, nach und nach das Innere zu reinigen und das ganze Menschenwesen zu durchgotten bis zur lebendigen Vereinigung mit Christus ... Nach der Tradition der Kirche wandte sich die Mutter Gottes als erste – in innerster Sammlung (also als Jungfrau Sophia) – an Gott. Damit brachte sie das heiligste, angemessene Opfer dar ... sammelte all ihre Aufmerksamkeit wie in einem Brennpunkt im immerwährenden göttlichen Herzensgebet. So verweilte sie im Allerheiligsten, über alle Unruhe, Vorstellungen und Dinge erhaben, in Schweigen und Gebet vor Gott, vollzog diesen neuen, unaussprechlichen Weg zum Himmel und schaute Gottes Herrlichkeit. Das reine, immerwährende Herzensgebet führte die Jungfrau Maria zu den höchsten Höhen der Gottesschau und Durchgottung – bis sie Wohnstatt des unfassbaren Logos selbst wurde."* Und der heilige Serafim von Sarów schrieb: „Das Erwerben Heiligen Geistes als Frucht aller Tugend birgt allein die Erlösung. Er bereitet seine Wohnstatt in Leib und Seele, seine göttliche Gnade zieht in unser Wesen ein und wandelt es um, sie führt aus dem Verweslichen zum Unverweslichen, aus Seelentod zum Leben im Geiste, vom Dunkel ins Licht, aus dem Stall unseres Wesens, wo Leidenschaften gleich Tieren hausen – in den lichten Tempel Gottes. Daher heißt es: Wachet und betet, daß ihr nicht ohne den Heiligen Geist bleibt."

Das Studium der Zeugnisse dieser Mystiker bestätigt unsere Überzeugung: Die Starzen – Einsiedler-Mönche – waren wirklich „Bettler um Geist", und so fanden sie in sich selbst die Reiche der Himmel. War dies nicht ein männlich starkes Ringen um den Geist, das in dieser Art in Nówgorod und den Landen der heiligen Sophia gepflegt wurde? Dazu kommen die Verehrung des heiligen Georg – siehe zum Beispiel das Georgskloster am Ilmensee – und die vielen herrlichen Darstellungen des Kampfes mit dem Drachen auf den Ikonen der

---

* Hier wird u. E. das Mysterium der Maria-Sophia am deutlichsten ausgesprochen. – Siehe dieses und das folgende Zitat in „Das immerwährende Herzensgebet. Ein Weg geistiger Erfahrung", russische Originaltexte zusammengestellt und übersetzt von Alla Selawry, O. W. Barth Verlag, Weilheim/Obb. 1970, S. 29 f., 46, 167.

24, 25   Nowgoroder Schule: Ikonen des heiligen Georg   ▷

Nowgoroder Schule. Vergessen wir nicht, daß dieses Motiv zugleich das Wappen der Rurikiden war.

Aus dem Georgskloster stammen die ältesten Ikonen des 12., 13. Jahrhunderts, die später durch die Zaren nach Moskau verschleppt wurden: die Darstellung der Gottesmutter (Abb. 24) und zwei Darstellungen des heiligen Georg (Abb. 25). Im Russischen Museum von Leningrad befindet sich jetzt der wunderbare Kopf des Erzengels von edler Würde (Abb. 27). Die Art des Blickes erinnert uns an die Wladímirskaja. Ähnlich die Gottesmutter mit der Spindel in der Hand (Abb. 26) aus der Verkündigung: sie hat die gleichen roten Farbflecken an den Lippen und den Innenwinkeln der Augen. Zart angedeutet ist das Kind in ihrem Schoß, zu dem ein Strahl von der Hand Gottes führt.

Auch die Ikone des „nicht von Hand gemalten" Erlösers (um 1200; Abb. 28) „sei von rein byzantinischem strengem und erhabenem Geist durchdrungen" (W. N. Lasrew, Die Kunst Nówgorods, Moskau 1947, russisch). Im Antlitz Christi fallen die großen, nicht ganz en face gestellten, eindringlich blickenden Augen auf. Auf der Rückseite dieser Ikone ist die Lobpreisung des Golgatha-Kreuzes durch die Engel dargestellt. Alle „nicht von Hand gemalten" Ikonen der Ostkirche weisen offensichtlich auf ähnlichen Ursprung hin wie das legendäre Schweißtuch der Veronika in der Westkirche. Der sogenannte byzantinische Typus des Erlösers geht aller Wahrscheinlichkeit nach auf das Grablinnen zurück, das bis zur Zeit des 4. Kreuzzuges (1204) in der Blachernen-Kirche zu Konstantinopel aufbewahrt worden war. Dann raubten es die „Kreuzfahrer" mit anderen ungeheuer großen Schätzen und brachten ihre Kriegsbeute in die Heimatländer. Das „Turiner Grabtuch" gelangte nachweislich nach Frankreich. Auch das griechisch-orthodoxe Kreuz mit der schiefen Fußleiste dürfte auf dasselbe Grablinnen zurückzuführen sein, erscheint doch das rechte Bein darauf verkürzt, da sich seine Fußsohle abgezeichnet hat.

Eine erstrangige Ikone des Erzengels Michael (Abb. 29) aus dem

26 *Ikone der Verkündigung. Maria mit der Spindel*   ▷
27 *Leningrad, Engel mit den goldenen Haaren*   ▷

nordrussischen Raum an der Dwiná wurde kürzlich restauriert. Den mit den Mitteln der Strahlenforschung arbeitenden Restaurateuren gelingt es, längst verloren geglaubte Kunstwerke wieder auferstehen zu lassen.

In den siebziger Jahren des 14. Jahrhunderts erschien in Nówgorod Theophanes der Grieche, der Meister, der im Nowgoroder Raum so tonangebend wurde wie sein etwas jüngerer Zeitgenosse Andrej Rubljów im Susdalj-Moskauer Raum. In der Erlöserkirche an der Iljin-Straße in Nówgorod sind seine ersten Wandmalereien auf russischem Boden gut, aber nur in Fragmenten erhalten. Sie zeichnen sich alle durch individuelles Leben aus und spiegeln das Temperament und die Weltanschauung Feofan Greks wider. Wir finden eine sprechende Charakterisierung von W. N. Lasrew in der „Geschichte der russischen Kunst" II, S. 158: „Aber Feofans Heiligen ist eins gemeinsam – ihr mürrisches, strenges Wesen. Mit allen Gedanken streben sie zu Gott, für sie liegt die Welt im argen. Fortwährend kämpfen sie mit den sie bestürmenden Leidenschaften. Und ihre Tragik besteht darin, daß dieser Kampf sie teuer zu stehen kommt. Sie haben schon den naiven Glauben an die überlieferten Dogmen verloren. Für sie ist die Wiedergewinnung dieses Glaubens Sache eines schweren moralischen Bemühens. Sie müssen auf hohe Säulen klettern, um der bösen Welt zu entrinnen und dem Himmel näherzukommen und um ihr Fleisch und ihre sündhaften Gedanken zu unterdrücken. Daher ihre Leidenschaftlichkeit, ihr übersteigertes inneres Pathos. Mächtige und Starke, Weise und Freie, wissen sie um das Böse und kennen auch die Mittel, mit denen man gegen dasselbe kämpfen kann. Allein sie haben auch die Versuchungen der Welt kennengelernt. Aus diesen tiefsten inneren Widersprüchen gebiert sich ihr ewiger Zwiespalt. Zu stolz, um dies den Nächsten wissen zu lassen, haben sie sich in den Harnisch der Kontemplation eingeschlossen. Und obwohl auf ihren strengen Gesichtern der Stempel der Ruhe liegt, brodelt und tobt doch alles in ihrem Innern" (Abb. 30, 31).

In seinen monumentalen Ikonen, u. a. der Gottesmutter links von der Königspforte – rechts davon Johannes der Täufer – auf der

28 Moskau, Christus-Ikone ▷

29 *Ikone des Erzengels Michael*

Ikonostase der Verkündigungskirche im Moskauer Kreml (Abb. 32,
33), zeigt sich der unbändige Feofan Grek von einer anderen Seite;
es gelingen ihm nun auch eine weichere Linie der Silhouette und der
Ausdruck ruhiger Konzentration. Er hatte viele Schüler; in Moskau
verharrten lange Zeit die Künstler unter dem Zauber seiner Persönlichkeit. Vollends auf ihn oder einen Schüler soll auch die berühmte
Donskája-Gottesmutter zurückgehen. Bis dahin hatte die Ikonenmalerei ein Meer menschlichen Leides und menschlicher Qualen, Tränen
und Blut in sich aufgenommen und so eine ganze Epoche des russischen Volkslebens gespiegelt. Nun begann mit dem Sieg über die
Tataren auf dem Schnepfenfeld (1380) gleichsam eine Renaissance
des kulturellen Lebens. So wurde die Donskája-Gottesmutter tat-

30 *Nówgorod, Heiliger von Feofan Grek* ▷

86

sächlich zu einer Metamorphose der Wladímirskaja (Abb. 34, 35).
Letztere ist von tragischer Stimmung erfüllt, während jene eine helle
und freudige Empfindung ausdrückt. Das Byzantinische ist einem
russischen Typus gewichen. Beide haben schicksalhafte Bedeutung in
der Geschichte erlangt. Höchstwahrscheinlich nahm Djmitri Donskoj
die dann nach der Schlacht benannte Ikone der Gottesmutter mit.
Auch Iwan IV. bediente sich ihrer bei der Eroberung von Kasán. Das
helle, rundliche Antlitz der Maria, das gute und herzlich rührende
Gesichtchen Christi, der kristallklare Aufbau und die intensive blaue
Farbe machen diese Ikone zu einer gleichrangigen mit der Wladímirskaja. – Sie befinden sich beide in Moskau in der Tretjaków-Galerie
im gleichen Raum.

◁   *31   Nówgorod, Heiliger von Feofan Grek*

32   Moskau, Madonna von Feofan Grek   ▷
33   Moskau, Johannes der Täufer von Feofan Grek   ▷
34, 35   Moskau, Donskaja-Gottesmutter-Ikone. Rückseite: Tod der Maria   ▷

II. Wladímir und Susdalj

8. Der Verfall der Kiewer Russj.
Verlagerung nach Nordosten*

Nówgorods Geschichte als die einer Stadtrepublik hat uns schon weit in das russische Mittelalter hineingeführt. Obwohl das Land der heiligen Sophia den größten Teil des nördlichen Rußlands umfaßte, können wir doch seine Eigenart nicht verkennen, wodurch es sich vom zentralrussischen Wesen unterschied. Es war und blieb durch die Ostsee dem westeuropäischen Einfluß offen. Wenn wir jetzt den Blick auf Mittelrußland lenken, wo durch Vermischung mit den Finnen der eigentliche Großrusse entstand, während die alte Russj unterging, müssen wir erst die soziologische Struktur der letzteren genauer ins Auge fassen. Wir folgen hier Kljutschewski in seiner Schilderung der ersten russischen Reichsbildung**: „Das ganze Land gehörte dem fürstlichen Geschlecht und wurde nach dem Brauch der Reihenfolge-ordnung vergeben. Die Jaroslawitschi waren eben überwiegend noch das geblieben, was ihre Vorfahren im 9. Jahrhundert gewesen waren, nämlich Waräger, welche die Gefahren, die von der Steppe drohten, eben erst veranlaßt hatten, die Kähne zu verlassen und Rosse zu besteigen. Sie hatten die alte warägische Auffassung ihrer selbst noch nicht ganz aufgegeben: Sie hielten sich nicht so sehr für die Macht-haber und Herrscher über Rußland als für besoldete, bestellte Hüter des Landes, denen es oblag, ‚das russische Land zu hüten und mit den Heiden zu kämpfen'."

Aus der Reihenfolgeordnung geht hervor, daß der sippenmäßige Verband das Bestimmende war. Der jeweils Älteste einer Fürsten-generation saß als Großfürst in Kiew, während seine Brüder als Fürsten in den anderen Städten regierten. Der Älteste versah immer

---

* s. Karte 3, S. 99.
** W. Kljutschewski, Geschichte Rußlands, Band I, hrsg. von Fr. Braun und R. von Walter, Deutsche Verlagsanstalt, Stuttgart 1925.

das Amt der „Vaterschaft", hatte also den Oberbefehl bei einem Kriegszug usw. Starb er, so trat nicht etwa sein Sohn an seine Stelle, vielmehr der nächstälteste Bruder. Wenn dieser Großfürst von Kiew wurde, war seine Stadt frei geworden und wurde vom dritten Bruder besetzt, dessen Stadt wieder vom nächsten usf. Darum blieben die Fürsten niemals lange an einem Sitz, sondern wechselten den Bezirk, indem sie aufrückten. Es gab also keine erbmäßige Dynastie an einem Ort. Aber „die natürliche Erbfolge der Generationen verlieh der Nachkommenschaft Wladímirs des Heiligen das Ansehen einer Dynastie. Eine Reichseinheit war nicht vorhanden, dafür bildete sich eine Landes- und Volkseinheit." – Was hier Kljutschewski feststellt, wird in seiner vollen Tragweite und Bedeutung durch Gedankengänge Rudolf Steiners erkennbar, die er 1918 im Zusammenhang mit sozialwissenschaftlichen Untersuchungen über Rußland geäußert hat. Danach habe das Germanentum überall als Ferment zur Individualisierung gewirkt, während es selbst unterging (vgl. Anhang).

Die Waräger gestalteten auch in Osteuropa die soziale Ordnung. Diese beruhte auf der Gliederung nach Familienverbänden. Der Fürst war nur der Verwalter des der Sippe gehörigen Landes. Im Russen lebte eine gewisse Sehnsucht nach Herrschaftslosigkeit. Der zentralistische Staatsgedanke mit dem „Selbstherrscher" an der Spitze war ihm fremd und wurde erst durch die Mongolen eingeführt. In ihrer freiheitlichen Haltung ähnelte die soziale Struktur Rußlands dem, was zum Beispiel durch die Normannen in England als feudales Reich begründet wurde. Sie ist durch die Tatarenherrschaft abgebrochen worden und untergegangen.

Sehr früh setzte eine Verlagerung des Volkes nach Nordosten ein, weil mit dem Erstarken der Städte, an erster Stelle Kiews, das umliegende Land in Abhängigkeit geriet. Es entstand eine Art „Bürgertum", welche das Volk auszubeuten begann. Hinzu kamen ständige Fürstenfehden. Da mögen manche Bauern in den noch unerschlossenen und darum freiheitlichen Norden abgewandert sein. Noch entscheidender war der lebensmäßige Grund, der die Menschen aus der Steppenregion hinaus- und in die Wälder hineinstreben ließ. Ihn zu verstehen bedarf es einer biologisch-geographischen Orientierung über das europäische Rußland hinsichtlich der Verteilung und der

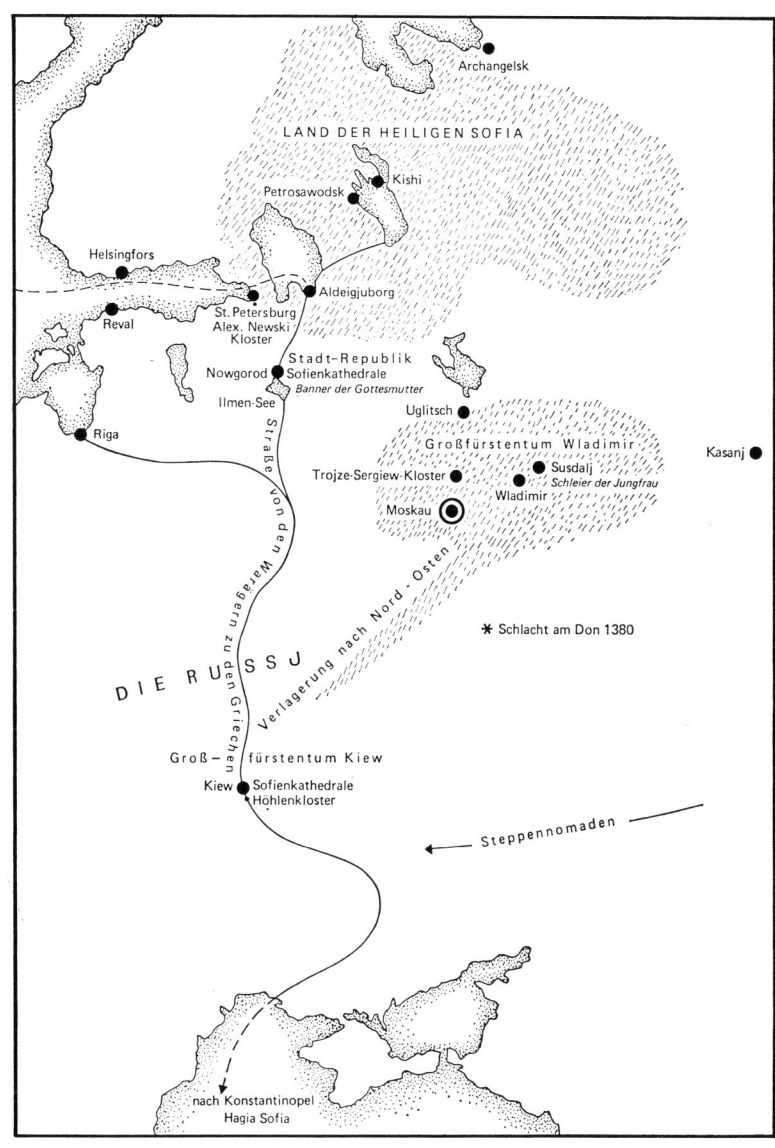

Karte 3: *Stadt-Republik Nówgorod, Großfürstentum Wladímir,*
Großfürstentum Kiew.

99

Bedingungen der drei Grundelemente der russischen Landschaft: des *Waldes,* der *Steppe* und des *Stromes.* Niemand hat diese schicksalbestimmenden Gegebenheiten deutlicher gesehen und klarer herausgearbeitet als Kljutschewski (s. Anhang). Für den Russen hatte der Wald immer auch etwas Bedrückendes, die Steppe vor allem etwas Bedrohliches. Dagegen liebte er seit jeher den Fluß: An dessen Ufern siedelte er sich an, ihm folgte er in neue Gebiete, durch ihn wurde die weitverstreute Bevölkerung zusammengehalten.

Unter Jaroslaw dem Weisen, dem Sohn Wladímirs des Heiligen, hatte Kiew als Mittelpunkt des neugegründeten Reiches seine Glanzzeit erlebt. Daß er aber die Reihenfolgeordnung in die Verwaltung des Landes einführte, wird ihm von den modernen Historikern sehr verübelt. Man ist eben auch heute noch und mehr denn je vom zentralistischen Staatsgedanken bestrickt, der nichts Russisches ist, sondern eben im mongolischen Groß-Khanat seinen Prototyp hat. Die Zaren waren Nachfolger der Khane geworden!

Durch die geschilderte sippenmäßige Verwaltung des Landes war Rußland allerdings einem dauernden Fürstengezänk ausgeliefert. Zwar hatten nach Kljutschewskis Worten „die Fürsten mit ihrem Gefolge, diese russischen Zugvögel, den Samen jener Kultur, die im Mittelpunkt des Landes, in Kiew, zu Wachstum und Blüte gekommen war, überall hingetragen", jedoch gerade auch an der Zersplitterung des Landes mitgewirkt. Das Recht des älteren Bruders auf Kiew und seine Vorherrschaft über die anderen wurden immer wieder angefochten und durchkreuzt, was sich um so verhängnisvoller auswirkte, als der ständige Kampf mit den Ungläubigen, den Steppennomaden, notwendig war. Die typische Uneinigkeit der Fürsten untereinander brachte unendliches Leid über die Bevölkerung und kam den Polowzern sehr gelegen. Auf dem Fürstentag vom Jahre 1103 hielt der Großfürst Wladímir Monomách (1113–1125) den Fürsten diese Mißstände kraß vor Augen: „Wenn es Frühling wird und der Smerd (Bauer) aufs Feld hinausreitet, um zu pflügen, kommt der Polowtschin angeritten, trifft den Smerd mit seinem Pfeil und raubt sein Pferd. Dann reitet er ins Dorf, nimmt seine Frau und seine Kinder und alle seine Habe und brennt auch noch die Scheune nieder." Die russischen Historiker, Solowjów und Kljutschewski an der Spitze, haben auf die bedeutsame Rolle hingewiesen, die Rußland in diesen Jahrhunderten vor dem Mongoleneinfall gespielt hat. Während das Abendland von der Kreuzzugsbewegung ergriffen und in Spanien der Jahrhunderte währende Kampf mit den Mauren geführt wurde, schirmte Rußland die Ostflanke Europas gegen die asiatischen Horden ab.

Mit der Abwanderung nach Nordosten verlagerte sich auch das politische Zentrum: Kiew büßte an Bedeutung ein, der Einfluß der Städte im Wladímir-Susdaljschen Raum erstarkte. Auch trat Nówgorod – wie wir gesehen haben – als Stadtrepublik am Ilmensee in seiner Weise hervor. Einer der Hauptgründe für das Abnehmen der Bedeutung Kiews ist aber darin zu suchen, daß die Wasserstraße von den Warägern zu den Griechen über den Dnjepr allmählich an Notwendigkeit verlor, als der Levanteweg über das Mittelmeer durch die Kreuzzüge wieder gebahnt war und den Handel zwischen dem Abendland und dem Orient an sich riß. Daß die Zeit des Kiewer Reiches früher oder später abgelaufen sein würde, trat durch ein Ereignis zutage, wie es nicht selten in der Geschichte vorkommt und durch welches sich anzeigt, daß ein nationales Unglück nicht so sehr von außen bewirkt wird, als daß es sich schon lange im Innern des betreffenden Volkes vorbereitet. Dies war die totale Zerstörung Kiews, der gepriesenen Mutter aller Städte, im Jahre 1169 durch die Russen selbst – zwei Menschenalter vor dem Untergang des Kiewer Reiches durch die Tataren. Jurij Dolgorúkij und vor allem sein Sohn Andrej Bogoljúbskij brachen mit der Kiewer Tradition. Sie wollten ein eigenes Reich zwischen Wolga und Oká errichten. Den Großfürstenstuhl in Kiew, um den so oft gekämpft worden war, verschmähten sie. Kiew hatten sie erobert und geplündert, was ihnen mit Nówgorod nicht gelang. Aber Andrej Bogoljúbskij vollzog die Trennung zwischen Nord und Süd und gründete ein selbständiges Großfürstentum im Susdaljschen Lande, wo er sich zum „Selbstherrscher" erhob. Voller Stolz erklärte er: „Mein Vater und ich haben die Susdaljsche Russj geschaffen!" Er wollte dort ein zweites Kiew erbauen, und wir werden sehen, wie erfolgreich er damit war. Andrej Bogoljúbskij war eine unbeherrschte Persönlichkeit: „In seiner Person betritt der *Großrusse* zum ersten Male die Bühne der Geschichte, und man kann

nicht sagen, daß dies ein glückliches Auftreten gewesen wäre" (Kljutschewski). Sein monarchisches Prinzip war eine Vorwegnahme dessen, was durch die Zaren später über Rußland kommen und wodurch
der nordgermanische Einfluß beendet werden sollte. Entgegen der
sippenhaften Reihenfolgeordnung führte er die Selbstherrschaft ein.
Mitgewirkt hatte wohl auch seine Abstammung mütterlicherseits von
den Polowzern.

Durch Andrej Bogoljúbskijs Bautätigkeit erreichte die russische Architektur ihren Höhepunkt. Auch setzte sich der warägische Einschlag
im Russentum hier ein letztes weitleuchtendes Denkmal: die „romanisch" anmutenden Kirchen des Rostow-Susdaljschen Raumes.

9. Das Opólje. Die Architektur von Wladímir

Östlich von Moskau befindet sich das außerordentlich fruchtbare Gebiet des sogenannten Opólje, das sich wie eine abgelöste Insel der Schwarzerde von Südrußland darstellt (Karte 4). Es liegt zwischen der Wolga und deren Nebenfluß Oká, die beide ostwärts fließen. „Mütterchen" Wolga verband die Russj mit den fernsten Ländern des Orients, ganz anders als „Väterchen" Dnjepr, der die Verbindung zu der byzantinischen Kultur bildete.

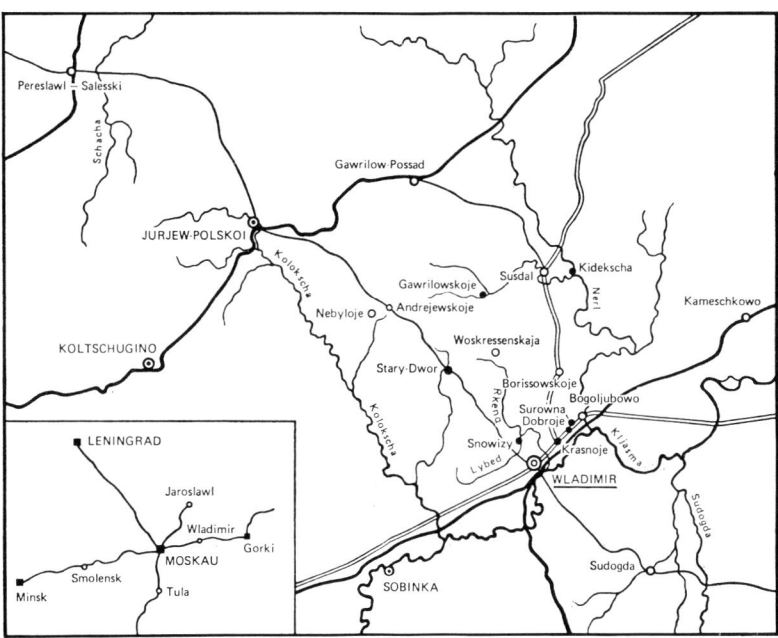

Karte 4: Übersichtskarte über das „Opólje", Jurjew-Polskoi und Wladímir

Wer in der Hochsommerzeit die abgeernteten Felder mit den gold-
gelben Stoppeln in schwarzbrauner Erde sieht oder, noch besser, in
der Johannizeit die schier unermeßlichen wogenden Kornfelder mit
den im Winde sich neigenden Roggenähren, der bekommt ein Empfinden für die „Mutter feuchte Erde", wie sie noch heute insgeheim
der russische Landmann verehrt, und den strahlenden Vater Himmel,
mit dem früher der Gläubige „Väterchen Jesus Christus" meinte. Der
flüchtige Tourist, der durch die Großstädte gejagt wird – hier sollte
er einmal aussteigen, tief Atem holen und diese Erde mit Bewußtsein
betreten: Er ist zum erstenmal wirklich in Rußland.

Mit Júrjew-Polskói, d. h. „inmitten der Felder liegend", gründete
Wladímir Monomachs Sohn Jurij Dolgorúkij am Flüßchen Kolokscha
im Jahre 1152 einen ersten Fürstensitz. Dieses Städtchen sollte die so
stark in die mythische Bildwelt hineinführende Georgskathedrale,
deren Bau 1234 beendet wurde, beherbergen. Zunächst waren es
ganz schlichte, kleine und massiv wehrhafte, kubusartige Kirchen, die
in der unruhigen Regierungszeit von Jurij Dolgorúkij erbaut wurden. Von diesen hat sich ein später verunstalteter Bau, die Boris-und-
Gleb-Kirche (1152) im Dorf Kidekscha an der Nerljá erhalten. Sie ist
das älteste Denkmal der Wladímir-Susdaljer Steinarchitektur. Vor
allem beeindrucken die archaisch anmutenden, schweigsamen drei
Apsiden. Man bezeichnet diesen Bau als Urvater der schönsten Bauten in Wladímir und Susdalj. Leider ist die den breiten Apsiden entsprechende Kuppel mit der helmförmigen Abdeckung aus silbrig
scheinendem Zinn nicht mehr vorhanden. – Noch sind die Anzeichen
einer Annäherung an den romanischen Stil gering. Das wurde in
Wladímir und Susdalj anders, als Jurij Dolgorúkijs Sohn, der ebenso
geniale wie ehrgeizige Andrej Bogoljúbskij, die Herrschaft antrat.

Wladímir, im Jahre 1108 noch eine kleine befestigte Siedlung am
Nordostrand des Großfürstentums Kiew und nach seinem Begründer,
dem Großfürsten Wladímir Monomach, benannt, sollte eine reiche
und mächtige Stadt, ja, das neue Zentrum der alten Russj werden,
wobei Nówgorod im Westen als Zentrum bestehen blieb. Wie war
das möglich? Zunächst erscheint diese Neubildung als die willkürliche
Handlung eines einzelnen Menschen, des autokratisch gesinnten Andrej Bogoljúbskij, der nach dem Tode seines Vaters auf den Groß-

fürstenthron in Kiew verzichtete und statt dessen das hochgelegene Wladímir zur neuen Hauptstadt machte. Im Jahre 1155 entführte er eine byzantinische Ikone der Gottesmutter in seine Stadt. Diese erhielt dadurch den Namen der Wladímirskaja. Die Ikone wurde zum Palladium Rußlands. Wie sehr sich das politische Gewicht schon nach Nordosten verlagert hatte, wurde durch die Zerstörung der „Mutter aller Städte", Kiews, im Jahre 1169 durch die russischen Fürsten selbst im Bunde mit Andrej Bogoljúbskij offenbar. Während die Architekten von Kiew, welche die Sophien-Kathedrale, die Mariä-Himmelfahrts-Kathedrale im Höhlenkloster und andere Bauten errichtet hatten, aus Byzanz gekommen waren, ereignete sich nun das Merkwürdige für die russische Architekturgeschichte, daß Andrej Bogoljúbskij sich an das im romanischen Stil bauende Westeuropa wandte, um für seine Bauten namhafte Meister anzuwerben. Es ist durchaus möglich, daß Friedrich Barbarossa sie ihm zuschickte (der soeben in San Michele di Pavia mit der langobardischen Eisenkrone zum König von Italien gekrönt worden war). So berichtet jedenfalls der Historiker Tatistschew. In Wladímir wuchs als Behausung der Mutter Gottes die Mariä-Himmelfahrts-Kathedrale im neu geschaffenen, wenn man so will: russisch-romanischen Stil. Zu ihrer Errichtung ließ Andrej Bogoljúbskij aus der Kama viele hundert Kilometer weit weißes Kalkgestein kommen. Die Mariä-Himmelfahrts-Kathedrale (1158–1161) war ein dreischiffiger Bau mit sechs Pfeilern und hatte nur eine Kuppel (Fig. 8). Ihr zum Muster hatte die gleichnamige Kathedrale des Kiewer Höhlenklosters gedient. Gering an Fläche, war sie sehr hoch, völlig umgürtet von einem reich verzierten romanischen Arkadenfries. Die Stämmchen der Kolonnaden waren vergoldet. Vergoldung wurde überhaupt vielfach angewandt, so daß sich an den Fassaden das Weiß des Steines mit dem Glanz des Goldes verband. Im Westen, Norden und Süden befanden sich großartige vergoldete Türen, deren Bronze mit Goldfluß „bemalt" war. Gold glänzte von den Kreuzen der Turmtrommel und der Kuppel. Entsprechend reich war auch das Innere gestaltet und ausgemalt. Kein Wunder, daß diese Kirche von den Zeitgenossen mit dem Tempel Salomonis verglichen wurde. Am Festtag des Entschlafens der Gottesmutter, so erzählt der Chronist, strömten Haufen Volks zusammen, um das

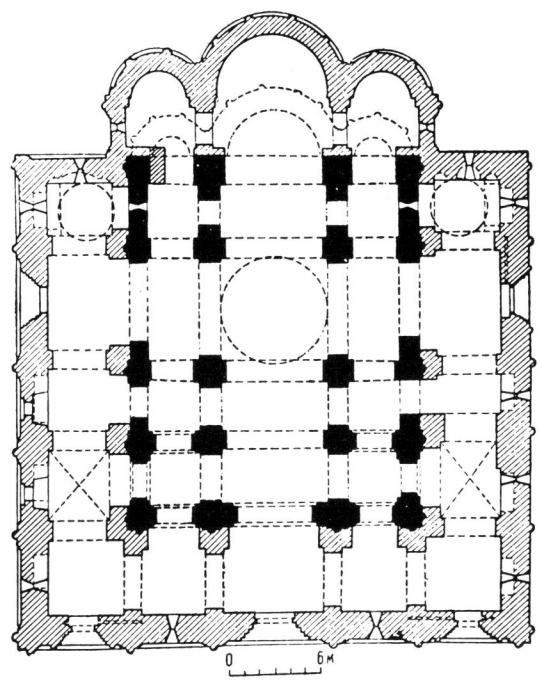

Fig. 8: Grundriß der Mariä-Himmelfahrts-Kathedrale in Wladimir

Haupttheiligtum der Kathedrale, die Wladímirskaja-Ikone, zu verehren. Sie befand sich in ihrem Schmuck aus Gold und Edelsteinen
zur Linken der Königspforte am Altar. Zum Durchzug der Pilger-
prozession wurden die goldenen Tore der südlichen und nördlichen
Portale geöffnet. Ein langer „Korridor" von im Winde schwanken-
den kostbaren, buntgewebten Teppichen und Tüchern führte zur
Kirche. – Nach einem Brand im Jahre 1185 wurde dieser Bau zu der
fünfkuppeligen und fünfschiffigen Kathedrale erweitert, wie sie
heute steht (Abb. 36), und blieb mehrere Jahrhunderte lang die Krönungskirche der Großfürsten. In ihr haben sich nur wenige Fragmente
der einst bedeutenden Fresken von Andrej Rubljów (1408) erhalten,

◁　　*36　Wladímir, Mariä-Himmelfahrts-Kathedrale*

dazu der alte Ikonostas. Heute befindet er sich in der Tretjaków-Galerie in Moskau. Außer dieser Kathedrale erbaute Andrej Bogoljúbskij das „Goldene Tor" von Wladímir; es sollte an die gleichnamigen von Kiew und Byzanz erinnern.

Andrej Bogoljúbskijs politisch gewichtigste Schöpfung war die Fürstenstadt Bogoljúbowo, ursprünglich eine Burgfestung am Zusammenfluß der Nerljá und der Kljásma erbaut, heute nur noch ein unbedeutendes Dorf. Sie beherrschte die wichtigste Wasserstraße des nordöstlichen Teiles der Russj, nordwärts zur Wolga und südwärts zur Oká. „Um die alten Städte Rostów und Susdalj sammelte sich der mächtige alte Bojárenadel mit seinen engstirnigen, eigennützigen Lokalinteressen." So schreibt N. N. Woronin[*] und vertritt den sowjetischen Standpunkt. Er fährt fort: „Seine Besitzungen erstreckten sich über das Saléssje (hinterwäldlerische Gebiet) bis zum Moskwá-

[*] N. N. Woronin, „Wladímir, Bogoljúbowo, Susdalj, Jurjew-Polskoi", Leipzig 1962.

Fig. 9: Schloß von Bogoljubowo. Rekonstruktion.

Fluß. Die Verlegung der Hauptstadt nach Wladímir, der jungen Stadt der ‚kleinen Leute‘, war ein schwerer Schlag für die Unabhängigkeit des Bojárentums..." Das herrliche Schloßensemble von Bogoljúbowo (Fig. 9), der „von Gott geliebten Stätte", erbaut 1158 bis 1165, wurde zum Verhängnis des Andrej Bogoljúbskij, als in einer dunklen Juninacht des Jahres 1174 ihn die aufständischen Bojáren ermorden ließen. – Von der alten Schloßfront mit der Kathedrale in der Mitte blieb nur der nördliche Turm des Palastgebäudes in der ursprünglichen Anlage mit den beiden unteren Stockwerken nebst der Treppe erhalten, auf der Andrej getötet worden sein soll.

Ein schönes dreiteiliges Fenster gibt den Ausblick frei auf die Weiten der Marschwiesen und die anderthalb Kilometer entfernte Mariä-Schutz-Kirche (1165) an der Nerljá (Fig. 10). Sie war der Lieblingsbau Andrej Bogoljúbskijs und wird mit Recht die Perle der russisch-

37 Mariä-Schutz-Kirche an der Nerlja ▷

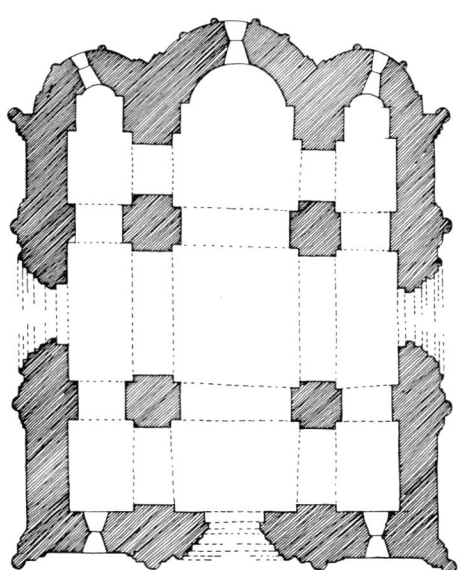

Fig. 10: Grundriß der Mariä-Schutz-Kirche an der Nerlja

romanischen Architektur in der vormongolischen Zeit genannt. Sie gleicht an Schönheit und Adel einem griechischen Tempel und ruht gleich ihm frei in der großlinig harmonischen Landschaft (Abb. 37). Von weitem erschien die Kirche mit der goldenen „Kuppelflamme" wie ein gen Himmel leuchtender Kerzenstock. Trat man hinein, so grüßte einen von oben das Licht aus der Kuppel mit dem darin schwebenden Bild des Pantokrators Christus, umgeben von Erzengeln und geflügelten Seraphim. Der Bau soll in allem der nicht erhaltenen Hofkirche von Bogoljúbowo mit ihrer überaus reichen Ausstattung ähnlich gewesen sein. Noch heute kann man etwas von ihrer wunderbar abgewogenen, edlen Gestalt und Anmut bewundern. Man vermißt nicht die Galerien, von denen sie ursprünglich umrahmt war. Der Grundriß zeigt in klassischer Einfachheit den Kreuzkuppelbau; das zugrundeliegende griechische Kreuz wird durch die nach drei Himmelsrichtungen sich öffnenden Portale und die nur ein wenig nach Osten vorgeschobene dreifache Apsis hervorgehoben. Dreigeteilt sind auch die Wände, wobei ihre Vertikale gegenüber der Horizontalen durch die jeweils flankierenden schlanken Pilaster stark betont wird. Was uns sofort anzieht, ist der plastische Schmuck vor allem der mittleren Fassadenwände: Im oberen Rundbogenfeld thront über Löwen und Adlern jeweils eine jugendliche, bartlose Frontalfigur mit Krone und Nimbus (Abb. 38). Sie hält in der Linken ein Saiteninstrument, mit der Rechten deutet sie segnend nach oben. Darunter sind Frauenköpfe, dann nochmals zwei Löwen, deren Schweife – wie bei den meisten Tieren, die uns begegnen werden – in ein Pflanzenmotiv übergehen. Unter den Rundbogenfenstern befindet sich ein Säulenarchitrav, der in Stützen in Form eines Frauenkopfes und Masken endet. Am stärksten „romanisch" mutet das tief nach innen gestufte, reich ornamentierte Portal an. Auch begegnet uns vielfach, zum Beispiel am Tambour über den Fensteröffnungen, der Zahnfries. Die alte Inschrift deutet den Thronenden als David. In den Seitenbogenfeldern steht jeweils ein mächtiger Greif auf einem bezwungenen Tier. – Diese kleine Kirche errichtete Andrej zum Gedächtnis an seinen gefallenen Sohn Isjasláw, zugleich aber als Siegesmal über die Kama-Bulgaren. Sie offenbart wohl die innerlichste Seite des sonst so herrschsüchtig sich gebärdenden Fürsten. Dem von ihm eingerichte-

38   Rundbogenfeld an der Fassade der Mariä-Schutz-Kirche an der Nerlja

ten Festtag „Schutz und Fürbitte Mariens" geweiht, leuchtet sie in
bis heute bewunderter Schönheit auf dem künstlichen Hügel inmitten
der im Frühjahr überschwemmten Wiesen.

Andrejs Bruder, Wséwolod III. (1177–1212), führte die russische
Baukunst zur Vollendung: Der repräsentativste Bau ist die Djmitri-
Kathedrale von Wladímir (1194–1197). Diese Kirche hat den Charakter einer großfürstlichen Pracht und reichen Gegliedertheit (Abb.
39); dabei schäumt sie auf allen Außenwänden von figürlicher Steinmetzarbeit geradezu über. Man hat diese steinernen Ornamente mit
einem schweren Goldbrokatgewebe verglichen. Das Gebäude gleicht
einem allmächtigen Herrscher, der mit einem prächtigen, von Sagen-
bildern durchwobenen Mantel umkleidet ist. Wieder sind die Wände

113

40 *Wladímir, Djmitri-Kathedrale. Im mittleren Bogenfeld König David*

dreifach gegliedert, und im mittleren Bogenfeld befindet sich in segnender Haltung der psalmodierende König David (Abb. 40) Gestalt
und Thron sind mehr ausgearbeitet als an der Mariä-Schutz-Kirche an
der Nerljá. Auch stellt sich David verschieden dar: über dem Westportal als Kind mit Engeln; über dem Nordportal als Mann – da sind
die beiden Löwen zu Füßen eins geworden – mit zwei Siegergreifen
in Schulterhöhe; über dem Südportal als Greis: zwei andere Könige
oder Propheten thronen über ihm. Auch die Fülle der anderen Gestalten um sie herum weist eine gewisse Ordnung auf. Meist wechseln
Pflanzen- und Tierreihen miteinander ab; in der Mitte zieht sich ein

◁   *39   Wladímir, Djmitri-Kathedrale*

Fries galoppierender Reiter entlang. Ursprünglich waren alle diese Plastiken vielfarbig angemalt, und der Fassadengoldgrund verband sie. Er findet sich heute in Spuren nur noch an der Kuppel. Wir können uns gut vorstellen, wie dieses Bauwerk damals auf das Volk gewirkt haben mag: „Außen strahlt es wie Jerusalem, innen wie Bethlehem!"

Durch Wséwolods Bauten wurde Wladímir zu einer der schönsten russischen Städte. Auch in den anderen Städten des Bezirks entstanden Bauwerke, von denen die Georgskirche in Jurjew-Polskoi kurz vor dem Tatareneinfall erbaut wurde (1230–34, Fig. 11, Abb. 41/42). Sie stürzte 1471 ein und wurde später unter leider zum Teil fehlerhafter Verwendung der alten gehauenen Steine wieder aufgebaut. Ein einziger steinerner Spitzenbehang bedeckt ihre Wände von oben bis unten. Christliche und sagenhafte Bilder sind ineinander verflochten. Diese in der russischen Architektur einzigartige Erscheinung plastisch-figürlichen Schmuckes in solcher Fülle und Vielfalt – man entdeckt immer neue Motive – erregt mit Recht das größte Staunen und ist in sich selbst ein Rätsel, das auf seine Lösung noch wartet. – In West- und Mitteleuropa begegnen wir in der Spätzeit der romanischen Kunst einer ganz ähnlichen Erscheinung. Da trat an den Portalen und Giebeln, an den Säulenkapitellen und ihren Basen in den Kirchen auf einmal eine Fülle von Pflanzenformen und Tiergestalten zum Teil grotesker Art auf, dazu auch menschenähnliche Elementarwesen. Diese „Phantasiegestalten" entziehen sich einer intellektuellen Ausdeutung. Die einheimischen Steinmetzen gaben ganz offensichtlich das wieder, was an sagenhaften und mythischen Überlieferungen im Volk verbreitet war und trotz kirchlicher Verbote als heidnische Erinnerungen in ihm weiterlebte.

War es nur die Freude am Gestalten, die sie zu dieser überreichen plastischen Ausschmückung der romanischen Kirchen trieb, oder war da noch etwas anderes im Spiel? Die Frage nach dem eigentlichen „Warum" dieser großartigen volkhaften Kunstbetätigung ist unseres Wissens noch nicht erhoben worden. Warum wurde das oben gekennzeichnete mythische Erleben in Steinbildern, und zwar über ganz Europa etwa in der Zeit von 1050 bis 1230, desgleichen hundert Jahre früher in Armenien und Georgien, ausgedrückt? In der Aus-

Fig. 11: Aufriß und Grundriß der Georgs-Kirche von Jurjew-Polskoi

117

42 *Jurjew-Polskoi, Südportal der Georgs-Kirche*

einandersetzung mit dem härtesten Stoff, dem Stein, erfuhren nicht
zuletzt die Handwerker, wie sich ihr Bewußtsein allmählich ganz der
irdisch-sinnlichen Welt anpaßte und sie zu beherrschen lernte. Nichts
konnte dazu eine bessere Erziehung vermitteln als die damals überall
vorhandenen Bauhütten. Hier werden wirklich „Wissende", in höhere Geheimnisse eingeweihte Meister, den Bau gelenkt und auch die
Sinnesart der schlichten Handwerker beeinflußt haben. Solche Bauhütten, genannt „Artelj", gab es auch in Rußland. Wir meinen
natürlich nicht, daß den Handwerkern irgendeine intellektuelle „Bildung" vermittelt worden sei. Andererseits ist es uns auch nicht ver-

◁   41 *Jurjew-Polskoi, Georgs-Kirche*

119

wunderlich, daß eine bei aller Verschiedenheit doch einheitlich aus-
gerichtete Steinmetzarbeit geleistet wurde, die ganze Kirchenwände
bedeckte. Bei den russischen Handwerkern scheint eine noch größere
Gemeinsamkeit bestanden zu haben. Die frische Ursprünglichkeit
blieb jedoch hier wie dort gewahrt. Wenn ein Steinmetz etwa einen
Löwen oder Greifen in sein Steinbild „bannte", dann lag dem die
vielleicht ganz unbewußt bleibende Erfahrung zugrunde, daß ein
seelisches Erlebnis objektiviert, innerlich bewältigt wurde. Der
Mensch fand sich selbst als Sieger über die Welt. Ihn schreckte nicht
mehr das alpdruckartige Wesen, das ihn überfallen hatte; er stand
nun darüber. Ganz von ferne mag sich etwas wie ein „Ich"-Erlebnis
dabei angekündigt haben.

Dieser skizzenhafte Versuch einer Analyse des naturhaften, hell-
sichtigen Erlebens und seiner Bewältigung gibt einen neuen Gesichts-
punkt für die russische Sagenüberlieferung und findet zugleich eine
Bestätigung, wenn erzählt wird, die russischen Helden seien alle zu
Stein geworden, als sie zu den Städtemauern kamen. Es ist der Mythos selbst, dem hier ein steinernes Denkmal gesetzt wurde. Er ent-
stammte nicht der „Volksphantasie". Die Menschen, die diese Stein-
bilder schufen, hatten ihn auch in ihrer Seele überwunden. Die „Ver-
zauberung" der Helden vollzog sich für das Volk im allgemeinen
ganz unbewußt-passiv, während die Steinmetzen sie sogar aktiv
herbeiführten. Wir müssen uns den Übergang in das mittelalterlich-
städtische Bewußtsein als einen ganz allmählichen vorstellen. Von
diesem Aspekt aus können wir uns dem Rätsel der Bilderwelt nähern,
die sich in so erstaunlicher Fülle an den Kirchenwänden des Wladímir-Susdaljschen Raumes offenbart. Welcher Mythos setzte sich hier
ein Denkmal? Das Tiergewimmel gruppiert sich nicht um die Gestalt
des Erzengels Michael wie in Pavia, sondern – ähnlich den Skulptu-
ren der Kirche an der Nerljá – um eine meist jugendliche, jedenfalls
ohne Bart dargestellte, thronende Gestalt, die als der psalmodierende
junge König David gedeutet wird. Wie ein zweiter Orpheus bändigt
er die Tiere, vielleicht lobpreisen sie mit ihm den Schöpfer, und wir
erinnern uns daran, daß im Urchristentum Christus selbst als der
wahre Orpheus vorgestellt worden war. Mehr noch als im Bereich
der west- und mitteleuropäischen romanischen Baukunst wurden hier

warägische Motive vom Christlich-Biblischen ergriffen und einge-
schmolzen. Wir haben ja gesehen, wie sich der Einfluß der Waräger
bei den Slawenstämmen geltend gemacht hatte und vom Russentum
assimiliert worden war. Die Slawenstämme ihrerseits brachten per-
sisch-skythische und byzantinische Elemente mit, wie sie sich etwa im
unermüdlich wiederholten Lebensbaummotiv, in den mächtigen Grei-
fengestalten und in der interessanten Gruppe der Himmelfahrt Alexanders von Makedonien kundtun. Die Alexanderlegende lebte damals in ganz Europa; wir finden sie mehrfach zum Beispiel auch in
Kirchen am Rhein dargestellt. In einem Seitenbogenfeld der Djmitri-
Kathedrale wird Alexander der Große in einem Korb, vor den er
zwei Greife mit ihren Schweifen gespannt hat, gen Himmel getragen,
indem er sie durch den hochgehaltenen Köder zum Auffliegen veranlaßt. Zwei Vögel verwehren ihm jedoch das Eindringen in den
wirklichen Himmel. – Die Legende läßt gleich dem Alten Testament
(1. Makk. 1, 1–8) Alexander an seiner „Hochfahrt", an seinem Stolz
zugrunde gehen. Dieses Motiv findet sich an bedeutsamer Stelle,
wenn auch in anderem Bezug, in den russischen Heldenliedern. Gleich
Alexander versteigen sich die Gotteshelden zur Prahlerei: „Wenn
hier eine steile Leiter stünde, / Ragte bis zum hohen Himmelsdome, /
Würden wir hinauf zum Himmel klettern / Und mit jenseitiger
Macht uns messen. / Wir besiegten wohl die Himmelsmacht!" An dieser Prahlerei scheitern sie dann.

Geistesgeschichtlich vollzog sich um die Wende des 12. zum 13.
Jahrhundert der Übergang eines mythischen in ein mehr städtisch-
bürgerliches Bewußtsein. Der äußere Untergang im Tatarensturm
war „nur ein Gleichnis" für das Ende der *Heldenzeit* überhaupt, die
von nun an im epischen *Heldenlied* allein weiterlebt. Wir werden
sehen, wie im Volksbewußtsein die Gotteshelden mit der Schlacht an
der Kalka (1223), der entscheidenden Niederlage durch die Tataren,
verschwanden, obwohl sie in der betreffenden Bylína als Sieger erscheinen. Sie gehen alle in einen „Kyffhäuserschlaf" ein: „Daß die
Recken zu den Mauern kamen, / In den Städtemauern ganz verstein-

43, 44   *Jurjew-Polskoi, Südportal der Georgs-Kirche. Detail: Jungfrau Maria mit*
Christ-Kind   ▷

ten." Dies hat sich in grandioser Weise an den Kirchenwänden des Wladímir-Susdaljschen Raumes erfüllt.

Rein christlich-neutestamentliche Darstellungen gesellten sich als Heiligengestalten, zum Beispiel am mittleren Teil der Djmitri-Fassaden, zwischen den Arkadenfriessäulchen hinzu. Die Georgskirche in Jurjew-Polskoi ist durchweg eine „Ikonostase" auf allen Außenwänden, kein Stein blieb ohne Relief. Mit Recht sieht man in diesen Bildern die Vorwegnahme der erst um 1400 in Gebrauch gekommenen Ikonenwand im Innenraum der Kirche vor dem Altar. Wir können hierbei daran denken, daß die Russen damals insofern dem griechischen Erleben nahestanden, als sie durch ihre Augen „draußen" die Heiligen als göttliche Epiphanie anbeteten.

Die Portale (Abb. 43) der Georgskirche erinnern am stärksten an die Portale von San Michele di Pavia. Nur ist es hier am Nordportal der heilige Georg, der Führergeist des russischen Volkes, wie er als „Licht-Georg" in den Heldenliedern weiterlebt, der über dem Torbogen als segnender Wächter steht. Am Südportal ist es das „Banner der Mutter Gottes", die Erscheinung der Jungfrau Maria mit dem segnenden Christ-Kind im Medaillon (Abb. 44). Sie werden gleichsam als letzte Helfer angerufen vor der Katastrophe, dem unglücklichen Zusammenstoß mit den Tataren, während „Djmitri", der Sohn der Mutter Erde, und der „Schutz Mariens" schon früher den beiden anderen bedeutenden Bauten ihre Namen verliehen. Denn diese Kirchen, vor allem die des heiligen Georg, werden von den russischen Kunstgelehrten als der „Schwanengesang der vormongolischen Architektur" bezeichnet. In wahrhaft apokalyptischer, d. h. offenbarender Weise geht hier eine lange Epoche zu Ende: die Frühgeschichte Rußlands.

10. Der Susdaljer Kreml

Als Wladímir seine Blütezeit erreicht hatte, zeichnete sich auch das „hinterwäldlerische Städtchen" Susdalj durch Steinbauten aus. Vorher war es eine zerstreute Siedlung in einem weiten Tal mit geringen Erhebungen gewesen, von dem es wohl auch seinen Namen erhalten hatte: „suchdol – trockenes Tal." Damals war es von undurchdringlichen Wäldern umgeben und trug noch die Spuren der Heidenzeit an sich, indem die Götternamen bzw. die Namen ihrer Kultstätten auf die Straßennamen übertragen worden waren, zum Beispiel Jaruna, Penaja, Oblupa und Kupala. Der Tag des „Iwán Kupála" war der 24. Juni, an dem sich das ganze Volk zur Feier versammelte. Den Hauptkern bildete der Susdaljer Kreml, umgeben von hohen Erdwällen und Holztürmen. Hier wurde in den Jahren 1222–1225 aus weißem Stein die Mariä-Geburts-Kathedrale errichtet (Abb. 45). Von dieser ist nur in der unteren Hälfte das alte Mauerwerk erhalten geblieben; es zeigt aber durch seinen fortlaufenden Arkadenfries, daß diese Kirche ähnlich wie die Mariä-Himmelfahrts-Kathedrale in Wladímir einst reich mit Steinplastik geschmückt war. Was alle späteren Umbauten in ihrem Bestand nicht verändern konnten, das sind die beiden „Goldenen Türen" im Westen und im Süden, von einem wunderbaren Steingewände umrahmt. Sie stellen das letzte Zeugnis der vormongolischen bildenden Kunst unmittelbar vor dem Einbruch der Tataren (1237/38) dar. Darum wollen wir sie genauer betrachten.

Die Susdaljer Türen (Abb. 46, 47) mit ihren feuervergoldeten Gravierungen halten in ihren zweimal 24 Bildern die Gesamtheit der Ikonographie des 12. und 13. Jahrhunderts fest. Die Zeichnungen wurden auf schwarzem Lack, der die Kupferplatten bedeckte, eingeritzt, die freigewordenen Stellen geätzt und mit Goldamalgam bestrichen. Dann ließ man durch Erhitzen das Quecksilber des Amalgams verdampfen, und das geschmolzene Gold verband sich unlöslich mit der Kupferplatte. Die westliche Tür ist etwas weniger geschickt

ausgeführt als die südliche, zeigt dafür aber Beispiele ältester christlicher Tradition (Abb. 48). Nehmen wir nur drei Darstellungen: die Auferweckung des Lazarus, die Auferstehung des Herrn, das Entschlafen der Gottesmutter. Wer die Katakombenbilder oder die urchristlichen Sarkophage kennt, entdeckt hier die noch immer vorhandenen Anklänge an vorchristliche Mysterien: das Tempelgehäuse, vor dem, wie eine Mumie eingewickelt, Lazarus steht; die Hierophantengebärde des Christus (sogar der Stab ist noch zu sehen!), die ihm zu Füßen liegenden Schwestern des Lazarus. Der Mann, der den Verstorbenen losbindet, ist fassungslos. – Nach urchristlichem Verständnis steht die Höllenfahrt für die geistige erste Auferstehung. Die leibliche am Ostersonntag ist die zweite. Adam und Eva werden vom „zweiten Tod", dem Seelentod, errettet und aus der Finsternis des Hades herausgeführt. So geschieht es auch den anderen „verstorbenen Seelen". Johannes hatte sich als letzter zu ihnen gesellt (s. das apokryphe Nikodemus-Evangelium). – Die „Uspenije" erinnert an den Tod Mariens, wie er auch auf einem Tympanon des Straßburger Münsters dargestellt ist. Christus bringt ihr die verjüngte Seele, das „englische Unterpfand", mit dem sie in den Himmel entrückt werden soll. Die Zwölf dagegen sind in Trauer versunken.

Die südliche Tür folgt einem anderen Gesamtthema: Wie die westliche das Leben Jesu nach dem Evangelium durch den ganzen Jahresfesteskreis schildert, so die südliche nach dem Alten Testament das Eingreifen der Engel, vor allem des Erzengels Michael, in die irdischen Geschicke. Nehmen wir als erstes: Adam gibt den Tieren ihre Namen. Das Merkwürdigste: Eva steht wie eine Inspiratorin hinter ihm (sie ist ja auch noch gar nicht von ihm getrennt!). Eindrucksvoll das ungebändigte Getier, das seine Bestimmung vom Menschen erwartet. – Abel bringt Gott sein Opfer: unübertrefflich die Schlichtheit und Innigkeit. Meisterhaft gezeichnet das jugendlich-reine Antlitz. Aus dem Himmel die Hand Gottes. Es ist, als nähmen die Schafe selbst teil an der Opferhandlung. – Alle Gesichter auf dieser Tür sind individuell gezeichnet; wirklich groß der Erzengel Michael, wie er

◁   *45 Susdalj, Mariä-Geburts-Kathedrale*

46, 47 Die goldenen Türen von Susdalj   ▷

127

48 *Susdalj, Detail von den goldenen Türen*

den drei Männern im Feuerofen zu Hilfe kommt. Diese tragen das
Mithra-Zeichen, die phrygische Mütze.

Nach diesen beiden kostbaren Türen kann man sich eine Vorstellung von den verlorengegangenen bilden, zum Beispiel den goldenen
Türen in der Mariä-Himmelfahrts-Kathedrale von Wladímir. So
steht man bewundernd vor der Höhe dieser Kunst in einer abgelege-
nen Gegend. Auch können wir ahnen, daß hier und nicht in Kiew die
Auferstehung der russischen Kultur im 14. und 15. Jahrhundert nach
ihrem tragischen Untergang durch die Tataren stattfinden wird.

130

11. Deesis: Johannes der Täufer und die Gottesmutter

„Fürbitte" ist das kennzeichnende Wort, unter das sich das griechisch-orthodoxe und damit auch das russische Christentum stellt; nicht das Ringen um einen gnädigen Gott, wie es später durch Martin Luther in der protestantischen Kirche beispielhaft vertreten wurde, sondern das Sich-Anheimgeben der Gnadenwirkung aller Heiligen. Wie die Wachskerze vor der Ikona zerschmelzend brennt und zugleich deren gnadenvolles Antlitz erhellt, so möchte die andächtige Seele des Russen eins werden mit der sich herabneigenden göttlichen Welt. Sie ist ja anwesend durch ihre Heiligen! Und wie Christus selbst durch die „königliche" Pforte im kultischen Geschehen hervortritt, so neigen sich links und rechts zu ihm auf der Deesis der Ikonostase in Fürbittehaltung Maria und Johannes, die Gottesmutter und der Vorläufer.

An der Schwelle vor dem Tataren-Einbruch, zu der uns die bisherige Betrachtung geführt hat, ist es wohl angebracht, sich mit diesen größten Fürbittern des russischen Christentums näher zu befassen. Beginnen wir mit Johannes dem Täufer: Die Ostkirche hat ihm andere Züge verliehen und später anderes als charakteristisch hervorgehoben als die Westkirche. So wird er oft mit seinem abgeschlagenen Haupt in der Schale oder den Todesstreich erwartend in Adoration vor seinem glorifizierten Haupt dargestellt (Abb. 49). Auf ersterem Bild hält er in der Linken eine Inschrift, worauf wohl die Rechte deutet: „Also habe ich Ihn gesehen und habe von Ihm gezeugt, daß dieser ist Gottes Sohn" (Joh. 1, 34). Besonders eindrucksvoll sind die Adlerflügel, mit denen er mächtig dasteht (Abb. 50). Soll darauf hingewiesen werden, daß er mehr ist als ein Mensch und sich auf ihn die Worte beziehen: „Siehe, ich sende den Engel vor

deinem Angesichte her" (Mark. 1, 2), oder daß er, wie es in der Johanni-Festepistel der Christengemeinschaft heißt, den Geist des Vaters in seinem Umkreis trägt? Wir werden sein Wesen am besten aus der sommerlichen Landschaft und aus einem neuen Naturerleben verstehen lernen. Der Russe kennt nicht das Weihnachtsfest, weil er nach urchristlichem Brauch das Eingehen des Christus in den Menschen Jesus von Nazareth bei der Jordantaufe am 6. Januar als Epiphaniasfest feiert. So wie Weihnachten sich für uns mit dem Tannenbaum und dem deutschen Märchenwald verbunden hat, so geben die russischen Weiten mit ihren Kornfeldern erst den richtigen Hintergrund für Johanni ab. Wer dort einmal eine Nacht draußen inmitten der reifenden Felder zugebracht hat, dem können wie aus dem Halbschlaf Bilder auftauchen, die an den Täufer erinnern oder auch an Elias, Iljá, dessen Verehrung insgeheim den gewaltigen Gott Perun mit Blitz und Donner abgelöst hatte. Aus dieser Naturstimmung heraus ergeben sich die folgenden Verse:

> Es gleitet ein Nachen
> Auf wogendem Meere.
> Im silbernen Nachen
> Da sitzen die Jünger,
> Vorn spähet Johannes,
> Am Steuer lenkt Petrus,
> Sie fahren im Nachen
> Über den See. —
> Es brausen die Winde,
> Es rollen die Wogen,
> Es fallen die Hügel,
> Es steigen die Täler,
> Ein silberner Nachen
> Tanzt über den See. —
> In schweigender Nacht,
> Da die Sterne verdunkelt,
> Im Brausen und Rauschen
> Der Winde und Wogen
> Harren die Zwölfe
> Des kommenden Herrn.

In fragenden Herzen
Bewegt sie die Bangnis:
Wann kommt er, der Christus,
Wann kommet die Sonne
Und endet des Dunkels
Rastlose Fahrt? –
Da nahet im Osten
Ein Schimmer, zum Schein wird's,
Ein Leuchten und Glänzen
Wie flüssiges Gold.
Auf neigenden, beugenden
Flutenden Wogen
Kommt Christus geschritten,
Ihn tragen die Wellen
Erglänzend im Licht.
Im Strahlen der Sonne
Erblinden die Jünger;
Entsetzen erfaßt sie
Und Freude zugleich.
Die Ruder entsinken,
Gelähmt sind die Arme,
Das Steuer entgleitet,
Und Petrus verlieret
Die Führung des Schiffs.
Nun drohen die Wogen,
Den Kahn zu verschlingen.
Aus schaukelndem Nachen,
Die Arme erhoben,
Rufen die Jünger
In Not zu dem Herrn. –
Dort wandelt Er ruhig
Im strahlenden Glanze
Auf webendem Golde
Der glänzenden See.
Er winkt mit der Hand:
Da stürzet sich Petrus

Hinaus aus dem Nachen,
Zu folgen dem Herrn.
Er will aus der Brandung
Der schäumenden Wogen,
Der brausenden Winde
Gelangen ans Eiland
Des sonnigen Heils.
Doch Furcht der Gefahren,
Verzagen des Mutes
Versagen dem Menschen
Die tragenden Schwingen,
Den Abgrund zu zwingen . . .
Hier silberner Nachen,
Dort goldene Sonne,
Dazwischen sinkt Petrus,
Verfallen der See. —
Da ruft ihm Johannes
Die lösenden Worte:
Gedenke des Andern,
Der Leben geopfert,
den Tod zu erringen
Zum krönenden Preis!
Und Petrus blickt um sich,
Da schaut er den Nachen
Als silberne Schale,
Drin ruhet das Haupt
des enthaupteten Täufers,
Gekrönt von der Sterne
Glitzerndem Glanz. —
Nun wandelt sich alles:
Das Haupt wird zur Sonne.
Im reifenden Felde
Des rauschenden Meeres
Senken und heben
Sich goldene Ähren.

Zur Ernte berufen
Nahen die Jünger;
Sie tragen in Händen
Silberne Sicheln
Und schneiden die Häupter
Der goldenen Saat.

*

Von Anfang an ist die russische Geschichte mit der Gestalt der Mutter Gottes verbunden. Hatte nicht ihre Maforia, der Pokrów, d. h. ihr Schleierumhang von der Blachernenkirche, den ersten Angriff der Waräger unter Askoljd und Dir auf Konstantinopel im Jahre 860 abgewehrt – und sie selbst bekehrt? Eine Eigenart des russischen Christentums war, daß seine Hauptkirchen dem Entschlafen Mariens, ihrer Himmelfahrt, geweiht wurden. So hatte Wladímir ihr zu Ehren die erste Steinkirche errichtet; so war es mit der Hauptkirche des Kiewer Höhlenklosters gewesen, so mit der ersten romanischen Kathedrale von Wladímir, die eigens für das „Palladium" Rußlands erbaut wurde, und so mit der Krönungskirche der Zaren im Moskauer Kreml, erbaut von dem Italiener Fioraventi. Die Ikone von der Uspenije, dem Tod der Mutter Gottes und ihrer Erhebung in die geistige Welt, zeigt sie im „Puppenstand" (Abb. 51), begleitet von Anachoreten und Engeln, geradeso, wie Goethe seinen verewigten Faust aufsteigen läßt.

Eine andere Eigenart bestand in der Übernahme des Sophien-Namens für die ersten Monumentalbauten in Kiew, in Nówgorod und in Pólozk. Schon die Hagia Sophia in Konstantinopel zeigt heute als wiederaufgedecktes Mosaik-Altarbild (9. Jahrhundert) in der Hauptachse die thronende Gottesmutter mit dem Sohn. Sie stellt dem Typus nach die sogenannte Hodegétria dar, die Pfadweiserin oder Lehrmeisterin, die den segnenden königlichen Knaben mit dem Christusnimbus, also den Logos, auf ihrem Schoße hält. – Am tiefsten aber hat im Volk der Typus der Gottesmutter-Ikone Umilénije nachgewirkt, die rührende Liebesbezeugung der Wladímirskaja; das ist

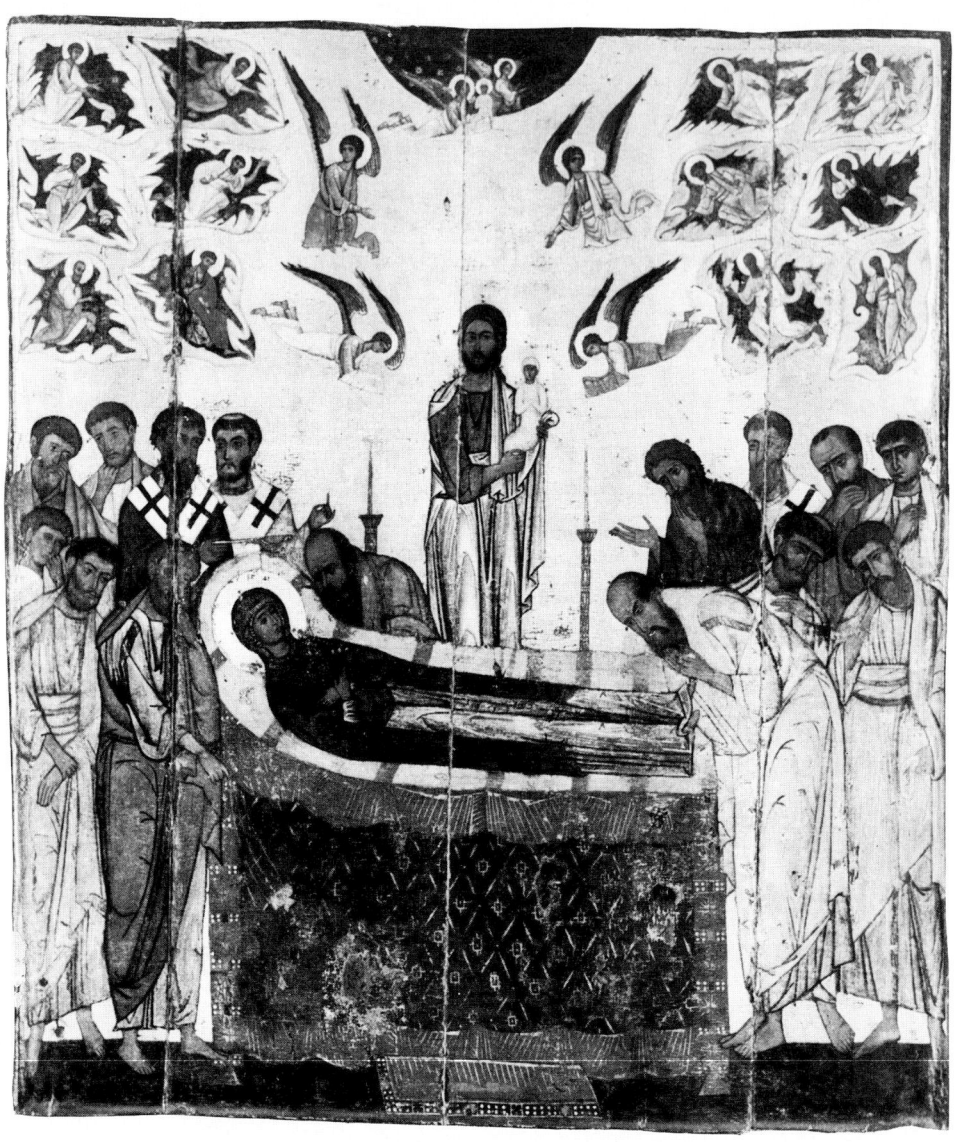

verständlich, denn in der notvollen Zeit der Tatarenherrschaft bedurfte das russische Volk vor allem des Trostes.

Verweilen wir bei der Wladímirskaja (Abb. 52): Sie ist eine byzantinische Arbeit aus der ersten Hälfte des 12. Jahrhunderts (heute in der Tretjaków-Galerie). Wir zitieren aus der „Geschichte der russischen Kunst"*: „Das Antlitz der Maria ist voller Trauer. Maria ahnt gleichsam das tragische Schicksal, das ihren Sohn erwartet ... Sie schaut auf den Betrachter, und ihre Augen drücken eine tiefe Trauer aus. Diese Augen sind es, die als erste die Aufmerksamkeit auf sich ziehen; sie rühren und bewegen und rufen tiefstes Mitgefühl für das Leiden der Mutter auf. Der Künstler vermochte gerade die Ausdruckskraft der Augen hervorzuheben, indem er alle Gesichtszüge – eine feine, leicht gebogene Nase, unkörperliche Lippen, vortreffliche Augenbrauen – nur zart andeutete ... Es ist nicht schwer, in der Malweise die direkte Nachfolge der hellenistischen Kunst zu erkennen." Um die Bedeutung, die diese Ikone für das ganze russische Volk gehabt hat, zu erahnen, rufen wir entsprechende Urbilder der westeuropäischen Kunst vor unsere Seele. Vielleicht gelingt es dem modernen Menschen, auf undogmatische, überkonfessionelle Weise einen Zugang zu dieser Geistgestalt zu finden.

Wie vermochte sich wohl Faust, den Goethe zum Urbild männlichen Strebens erhoben hat, am Ende in den Doctor Marianus zu verwandeln, der, „in der höchsten, reinlichsten Zelle, entzückt" die Worte spricht:

„Höchste Herrscherin der Welt!
Lasse mich im blauen
Ausgespannten Himmelszelt
Dein Geheimnis schauen!"

Faust hat soeben den irdischen Plan verlassen; er befindet sich auf der Schwelle zur geistigen Welt; da eröffnet sich seiner Seele eine

* Hrsg. von J. Grabar: „Geschichte der russischen Kunst", Moskau 1953, russ.

◁ *51 Moskau, Tod der Maria*

„unendliche Perspektive": Die Liebe von unten ist überwunden, die Liebe von oben macht sich geltend. Plato würde sagen: Die Idee des höchsten Schönen, Guten, Wahren tritt vor seine Anschauung, „erhebt sich in den Äther hin und zieht das Beste seines Innern mit sich fort". Das wäre ein griechischer Mysteriennachklang! Christliche Mystik – im mittelalterlichen Dogma geprägt und in der Kunst mannigfaltig gestaltet – greift tiefer: Ihr ist es eine geistige Tatsache, daß sich das göttliche Urbild der Menschenseele, das Ewig-Weibliche, einmal auf Erden verwirklicht hat in der Jungfrau Maria; und daß sie nach ihrem Tode zur Himmelskönigin erhoben worden ist. Ihr Geheimnis trägt sie, zum Beispiel als Raphaels Sixtina, in Händen. Es ist das Kind, der Sonnensohn. Niemand hat sie zur Zeit Goethes inniger besungen als Novalis:

> „. . . Oft, wenn ich träumte, sah ich dich
> So schön, so herzensinniglich,
> Der kleine Gott auf deinen Armen
> Wollt' des Gespielen sich Erbarmen;
> Du aber hobst den hehren Blick
> Und gingst in tiefe Wolkenpracht zurück . . ."

Bei Goethe ist es keine passive Ergebenheit, vielmehr aktive Bereitschaft, die der Doctor Marianus zum Schluß – auf dem Angesicht anbetend – kundtut:

> „Blicket auf zum Retterblick,
> Alle reuig Zarten,
> Euch zu seligem Geschick
> Dankend umzuarten!
> Werde jeder bess're Sinn
> Dir zum Dienst erbötig;
> Jungfrau, Mutter, Königin,
> Göttin, bleibe gnädig!"

Der Schluß des „Faust" mit dem „Ewig-Weiblichen" ist uns heute allerdings recht problematisch geworden. Der Dichter Boris Paster-

52 Moskau, Ikone der Gottesmutter von Wladimir ▷

nak aber konnte ihn in der Übersetzung für den russischen Menschen leichter verständlich machen, denn er weiß, wer die Hodegétria ist; er weiß es aus der Ikonenmalerei. Darum muten die Schlußverse des zweiten Teils der Faust-Dichtung in Pasternaks Übersetzung fast einleuchtender an als im Original. Wir geben sie in einer Rückübersetzung wieder:

> „Alles Verfließende –
> Symbol und Gleichnis.
> Ziel ohne Ende wird
> Hier zum Erreichnis.
>
> Hier Offenbarungshort*
> Wirklicher Wahrheit.
> Ewige Fraulichkeit
> Zieht uns zu ihr."

So sah die alte Anschauung die Maria-Sophia.

---

* sapowjédannostj. Vergleiche auch R. Steiner über die wahre Sophia, Anhang.

12. Der Tataren-Einfall*

In allen Sagen und Chroniken zittert das Entsetzen über diese nationale Katastrophe nach. Wenn wir die russische Volksseele nach dem Grund des furchtbaren Unglücks, das Rußland im 13. Jahrhundert traf, befragen könnten, würde sie vielleicht so antworten: Damals war das Volk zu einer gewissen Höhe gelangt. Seine jugendliche Schönheit blühte. Aber dieses Blühen war noch Göttererbe, Nachklang und Abendröte. Schaut nach dem Westen: Das sagenumwobene Kaiserreich war untergegangen; andere Mächte erhoben ihr Haupt: die Städte, die römische Kirche, die Orden und Klosterschulen. Meine Kinder waren jünger, dafür aber auch unbesonnener, vorstürmend und prahlend. Sie mußten erfahren, daß sie erst zu lernen hatten, vor allem jedoch, daß die Zeit der Gotteshelden abgelaufen war. Sie hatten selbst ihr größtes Heiligtum zerstört, Kiew. Nun meinten sie mit ihren unreifen Gedanken, den Himmel stürmen zu können. Zwar sollte in Westeuropa die bürgerliche Kultur erblühen, die Städte-Freiheit ihre Triumphe feiern und eine neue Zeit heraufführen. Nówgorod versuchte den gleichen Weg zu gehen ... Wie Kaiser Barbarossa im Kyffhäuser auf seine Wiederkunft wartet, so werden meine Gotteshelden in der Verborgenheit noch viel länger zu warten haben. Verzaubert wurden sie, zu Stein, denn es erhob sich ein Denken, das nur die Materie begreift und den lebendigen Geist leugnet. Doch sehe ich Stätten neuer Andacht. Aus Not und Tränen, aus Blut und Jammer wird ein reiferes Rußland erstehen.

Was wir mit unzulänglichen Worten anzudeuten versuchten, hat in ihrer Art die Volksdichtung längst gestaltet, als Bylína, Heldenlied, genannt Kámskoje Pobóïschtsche. Sagen haben nicht nur einen histo-

* Siehe Karte 5

Karte 5: *Russisches Gebiet im 12. und Anfang des 13. Jahrhunderts.*
Der Einfall der Tataren

rischen Kern, sie sind zugleich überzeitlich. Vertieft man sich in sie, so können sie höhere Wahrheiten, vergangene wie zukünftige, aus der Seele des Volkes offenbaren. Kámskoje Pobóïschtsche – die Schlacht an der Kama – erinnert vielleicht auch an Andrej Bogoljúbskij, der bekanntlich über die Bulgaren an der Kama siegte. Über diese Schlacht existiert eine klassische Bylína von der Marfa Krjúkowa. Wir bringen sie mit der verhängnisvollen Schlacht an der Kalka (1223) in Verbindung.

Die Schlacht an der Kalka
Kámskoje Pobóïschtsche

„Warum, Brüder, zeigt' sich nicht die Sonne?
War verdunkelt ganz der Mond am Himmel?
Strahlten bei uns nicht die lautern Sterne?
Drohend zog herauf ein Ungewitter.
Aufwallt' hoch das Meer, der Dnjepr wogte.
Zu derselben großen Schicksalsstunde
Nahte sich dem hochberühmten Kiew
Kriegsgeschrei: *Die Schlacht am Kalkaflusse.*
Kam ein großes Feindesheer gezogen
Gegen Fürst Wladímir, reich an Güte.
Alte Leute wußten noch zu sagen,
Wie die Schreckensschlacht geschlagen wurde.
Viele Vögel starben in den Lüften,
Viel Getier des Waldes mußt' verwesen,
Und vom Rossedampf das Volk erstickte."

Fürst Wladímir ruft alle Helden bei ihren Namen zu Hilfe.

„Fingen an die Recken sich zu sammeln
Erst auf Samson Kolybajews Hofe.
Und dann ritten alle Gotteshelden
Hin nach Kiew, der berühmten Stätte.
Mutter feuchte Erde schwankte mächtig.
Des Putschaj-Flusses Wogen traten über.
Vögelzüge bargen sich in Wolken.
Das Getier der Wälder sich zerstreute.
Ur und Wölfe in die Berge flohen.

Traf der Fürst Wladímir seine Recken,
Nahm sie auf in seine hohen Hallen
Und bewirtet' sie aufs allerbeste.
Dann sprach er zu ihnen solche Worte:
Steht, ihr Helden, für den Christenglauben,
Für die Gotteshäuser und die Klöster,
Stehet für das ganze Heil'ge Rußland!
Wollet ihr die blut'ge Schlacht wohl schlagen,
Kämpfen mit dem ungläubigen Zaren,
Der mit seiner Riesenmacht sich brüstet?
Sprangen auf die Füße alle Recken
Und verbeugten sich vor Fürst Wladímir:
Wollen für dich kämpfen und die Fürstin,
Und die ganze russ'sche Erde schützen."

Nachdem sie ausgiebig gezecht haben, führt Iljá Múromez die Helden in den Kampf. Nur durch äußerste Anstrengung gelingt es ihnen, die „grausige Feindesmacht" zu besiegen. Nach der Schlacht veranstalten sie wieder ein großes Gelage:

„Manche Recken von den Bänken fielen.
Standen zwei der Helden auf der Wache
Bei den Zelten, waren beide trunken.
Da begannen diese laut zu prahlen:
Was für starke Burschen sind wir Recken,
Schlugen unermeßlich große Feindmacht!
Dieser Schreckensschlacht am Kalkaflusse
Wird gedenken man durch alle Zeiten,
Uns besingen, rühmen allerorten!
Wenn hier eine steile Leiter stünde,
Ragte bis zum hohen Himmelsdome,
Würden wir hinauf zum Himmel klettern
Und mit jenseitiger Macht uns messen.
Wir besiegten wohl die Himmelsmächte!
Da ereignete sich jäh ein Wunder:
Wie mit Augen sahen beide Recken,
Daß das Leichenfeld sich neu belebte,

Alle Toten aufzusteh'n begannen,
Waren ihrer dreimal mehr geworden.
. . .
Kämpften da die Gotteshelden wieder.
Bald ermatteten die Heldenrosse,
Und die Waffen wurden stumpf und wertlos.
Da bedacht' sich Iljá Múromez:
Was ist dies doch für ein seltsam Wunder?
Ritt heran zu einer starken Eiche,
Spaltet' sie mit seinem scharfen Schwerte.
Hab' ich Kräfte doch gleich wie vor Zeiten!
Nahm da hurtig seinen straffen Bogen,
Legte auf den Pfeil, den hartgeglühten,
Schoß damit auf jene mächt'gen Feinde.
Dröhnt' der Pfeil und schlug in feuchte Erde.
Es erhob sich da ein *Totenhaupt*.
Und das Haupt begann also zu sprechen:
Warum spott'st du unser, Held, der Toten?
Wirst des Ruhmes wenig du erwerben,
Wenn als Lebender du kämpfst mit Toten!
Nicht mit dir zu kämpfen wir erstanden,
Mit den Prahlern, welche sich vermaßen,
Sich mit jenseitiger Macht zu messen.
Redete Iljá da solche Worte:
Nun, so legt euch, schlaft, ihr Todesmächte,
Friede eurem Staube in der Erde!
Und das Totenhaupt fiel plötzlich nieder.
Ritt Iljá zurück zu seinen Freunden:
Wer von euch vermaß sich, so zu prahlen?
Da bekannten sich, die schuldig waren.
Nun vermahnte streng die Recken alle
Iljá Múromez, und ließ sie schwören,
Niemals prahlend sich zu überheben.
Bittet um Vergebung eurer Sünden!
Wir sind doch ans Ende jetzt gekommen . . .

Da entsetzten sich die Gotteshelden;
Kehrten nicht zurück ins hohe Kiew;
Kehrten nicht zurück zur Wacht der Recken;
Ritten alle fort, sich zu verbergen.
Doch es sagten einige und sangen
In der alten Sagen Heldenliedern,
Daß die Recken zu den Mauern kamen,
In den Städtemauern ganz versteinten;
Seit der Zeit sie nun verschwunden seien.
Doch nicht wahr ist, daß zu Stein sie wurden,
Und nicht wahr ist, daß sie ausgestorben!
Alle Recken saßen in dem Kronrat
Wie in einer weisen Ratsversammlung.
Warteten durch langer Zeiten Wandel.
Wußten, was geschah und was da werde;
Und daß einstmals ihre Stunde komme,
Da man rufen wird die Gotteshelden
Auszureiten zu den Ruhmestaten:
Au
fersteh'n wird große Kraft der Helden!"

. . .

13. Die beiden Hauptklöster in Susdalj

Im Jahre 1364 wurden in Súsdalj das auf der Anhöhe gelegene
Mönchskloster „Zum Erlöser" (Abb. 53) gegründet und kurz nachher
das Pokrów-Frauenkloster (Abb. 54) ihm gegenüber. Schon mehr als
100 Jahre hatte das Tatarenjoch gedauert. Trotzdem ging das Leben
weiter. Die Susdaljer Fürsten hatten sich das Nishegoróder Gebiet an
der Wolga angeeignet und traten in Konkurrenz zu dem gleichfalls
aufstrebenden Moskau. Susdalj war jetzt berufen, an die Spitze einer
geistigen Erneuerung zu treten. Das Frauenkloster „Von dem Schleier
der Jungfrau" sollte dabei die Hauptrolle spielen. Ihr Kult stand seit
der Zeit Andrej Bogoljúbskijs im Mittelpunkt. Es tat sich damals viel
im verborgenen – wir denken zum Beispiel an die Tätigkeit des Sergej
von Radónesh (s. S. 163 ff.). In Susdalj blühte schon lange eine Malschule, die auch ihrerseits einen vergeistigten Stil entwickelte. Es waren Geistliche, die eine Art von literarisch-philosophischen Kreisen
um sich scharten. Unter ihnen ragten der Begründer der beiden Klöster, Jewfemij, und der Lehrer der Eudokia, der späteren Gattin des
ruhmvollen Djmitri Donskoj, der Starez Pawl, hervor. Dieser wurde
wegen seiner Weisheit später „der Hohe" genannt, „vielbelesen und
ein großer Philosoph". Der damalige Bischof von Susdalj, Diony-
sius, war selbst Ikonenmaler. Er unterhielt rege Verbindung mit
Konstantinopel und vermittelte die philosophischen Lehren des Pa-
lama und des Gregorij, des Sinaiten. Auf dem Athos fand damals der
Hesychasmus seine besondere Pflege. Hesychia bedeutet Ruhe. „Die
Schau des göttlichen Lichtes" ging in die mystische Hymnendichtung
über und durch sie in die kirchliche Liturgie. So wurde sie zu einem
überaus reichen und beschwingenden Bestandteil des Gemeindelebens.
Die griechisch-orthodoxe Liturgie ist schon immer als ein Mysterien-
drama angesehen worden, in dem in vielen Ausdrücken und Hand-
habungen der antike Mysterienkult noch durchschimmert. Wir haben

149

versucht nachzuweisen*, wie die Osternacht-Liturgie eine Fortsetzung und Erfüllung der eleusinischen Unterweltmysterien darstellt und wie zum Beispiel ein Clemens von Alexandrien die griechischen Mysterien des Logos hinaufführen wollte bis zur Gnosis eines Paulus und Johannes**. Durch das griechische Element der Freude (chará) hat die russische Kirche weitgehend das alttestamentlich-jüdische Element der Bußstimmung überwunden. Osterfreude und Begegnung mit dem Auferstandenen sind das Leitmotiv, nicht die Trauer und das Niedersinken vor dem Kruzifix. So können wir uns gut vorstellen, daß etwas von weltoffenem Platonismus in dem gegenüber dem Männerkloster so zierlichen Frauenkloster gelebt hat, vom „Schleier der Jungfrau" umweht. Schaut man vom abrupten Hang des Erlöserklosters und seinen festungsartigen, mächtigen Mauern und Türmen über das Flüßchen Kámenka hinüber zum Frauenkloster, so liegt dieses inmitten grüner Wiesen und Felder wie ein elfenbeingeschnitztes Kleinod da. Wirklich bewundernswert ist der ausgewogene Kontrast zwischen den beiden Bauweisen: dort zierliche Fraulichkeit, eigentlich des männlichen Schutzes bedürftig und darum sich fast heranschmiegend an das brüderlich-hilfsbereite Erlöserkloster, hier eine überdimensionale Burg, in der die Wartburg zehnmal Platz fände. (Erst in jüngster Zeit sind beide Klöster in einfühlsamer Weise restauriert worden.) Vom Erlöserkloster ging im Jahre 1612 die Volkserhebung gegen die Polen durch Mínin und Poshárski aus, worauf das Grabmal des Fürsten Poshárski im Klosterhof hinweist. Dann begann das verlassene Mönchskloster zu verfallen. Im 19. Jahrhundert war dort eine Bewahranstalt für psychisch Kranke eingerichtet und bereits ein Appartement für Lew Tolstoj vorgesehen! Nur wagte es der Zar der öffentlichen Meinung des Auslandes wegen nicht, den Grafen einweisen zu lassen. Das Pokrówski-Kloster wurde in der Zarenzeit zuletzt als Frauengefängnis benutzt, nachdem um 1500 Wassilij III. hier seine als unfruchtbar geltende erste Frau gewaltsam

* H. von Skerst, „Der unbekannte Gott", Kap. 12 u. 13.
** a. a. O. Kap. 8.

53 Susdalj, Mönchskloster „Zum Erlöser" ▷

54   *Susdalj, Pokrow-Frauenkloster*

zur Nonne hatte scheren lassen und im 18. Jahrhundert Peter I. seine ungeliebte Frau dorthin verbannte.

Im Jahre 1392 war die regierende Macht auf Moskau übergegangen, und das Fürstentum Susdalj-Nishegoród wurde seiner Herrschaft einverleibt. Je mehr sich diese „Usurpation" bemerkbar machte, um so behutsamer wurde in den Susdaljer Klöstern das geistige Erbe bewahrt und gepflegt. Dafür ist die erst kürzlich entdeckte „Susdaljer Malschule" der schlagendste Beweis. Sie war besonders mit dem Frauenkloster verbunden. Somit können wir den Ausführungen des Herausgebers der Sammelschrift „Die Schätze von Susdalj", Sawelij Jamschtschikows, durchaus zustimmen, wenn er das heutige Aussehen des einst so bedeutenden Zentrums geistigen und kulturellen Lebens folgendermaßen schildert: „Ergehen wir uns auf den Galerien der

152

Pokrόws-Kathedrale, suchen wir den stillen Klosterbrunnen auf, oder stehen wir im geräumigen Saal des Refektoriums, so empfinden wir als zeitgenössische Besucher den überdauernden Sinn des Menschseins durch die lyrische Stimmung der hiesigen Natur und den feinen Rhythmus der Architekturformen. Es ist nicht schwierig, sich vorzustellen und wieder vor Augen zu rufen, wie hier einstmals philosophische Streitgespräche geführt, neue Literaturwerke oder soeben vollendete Fresken und Ikonen begutachtet wurden." Und fast kann man sich gedrängt fühlen, einen – allerdings räumlich weithergeholten – Vergleich zu ziehen zwischen diesem von platonisch-christlichem Geist durchwehten Frauenkloster und der Schule von Chartres im fernen Westen Europas.

14. Die Susdaljer Malschule.
Der Schleier der Jungfrau

Der bedeutende russische Kunstgelehrte Igor Grabar schrieb zu
Anfang dieses Jahrhunderts: „Der Historiker, der an die Evolutions-
gesetze der Formen glaubt, möchte, da mit dem strengen Aussehen
der Nowgoroder Kirchen die harten Umrisse der Ikonen und die
Wandbemalung der Nowgoroder Schule so wunderbar harmonieren,
wetten, daß auch dem schönen und vollendeten Gotteshaus des Susdaljer Typus eine derartige Malerei im Unterschied zu der Nowgoroder entsprechen müßte: schön und liebreizend wie die leichten
Silhouetten der (Wladímir- und) Susdaljer Kirchen und der Spitzen-
schmuck ihrer Wände." Zu Grabars Zeiten war das nur eine Hypo-
these, denn man kannte bloß vereinzelte Zeugnisse des 12. bis 14.
Jahrhunderts. Nun hat zwischen den Jahren 1960/65 eine „Epopöe"
der Susdaljer Malerei in Moskau stattgefunden, da die dortigen Meister der Restaurationskunst mehr als 50 Beispiele dieser Schule auf-
gedeckt haben. Dadurch ist die Richtigkeit der obigen Annahme voll
bestätigt. Wir folgen zunächst der Sammelschrift Jamschtschikows,
die im allgemeinen den Unterschied zwischen der Susdaljer und der
Nowgoroder Schule beschreibt: „Die in ihrer Schönheit doch karge
Nowgoroder Kunst trägt einen konkreten und zugleich stofflichen
Charakter. Der betreffende Meister stellt sich die Aufgabe, das Sujet
gewissenhaft und ausführlich wiederzugeben, in seiner ganzen Wägbarkeit, indem er die Darstellung zur besseren Überzeugung noch mit
Details aus dem Volksleben versieht. Im Gegensatz zur Nowgoroder
Kunst ist die von Susdalj allegorisch, sie bedient sich einer abstrakten,
symbolischen Sprache. Indem der Künstler ein Bild malt, bemüht er
sich nicht darum, ein konkretes Vorkommnis, das in der Realität
stattgefunden hat, sondern sein symbolisches Äquivalent wiederzugeben. .... Ihm kommt es auf die beste Darstellung einer Idee an. ....
Und wenn in der Nowgoroder Kunst ein völlig irdisches, zuweilen

sogar grobes Menschenbild vorherrscht, das fest, bäuerlich-kompakt auf der Erde steht, so ist der Susdaljer Malerei ein völlig anderes Ideal eigen. In ihr fehlt die Unmittelbarkeit und Wägbarkeit der Nowgoroder Personen. Die Menschengestalten, welche verschiedene Stufen geistiger und fleischlicher Vollkommenheit erreicht haben, umgibt auch ein entsprechender immaterieller Raum. Sie berühren fast nicht die Erde. Sie haben sich von der Erdenschwere gelöst; sie haben die Möglichkeit geistigen ‚Schwebens' erlangt. Ihre Proportionen sind verlängert; ihre Bewegungen verlangsamt und gekünstelt... Scharfe und strenge, zuweilen überwache Blicke; finstere, von seelischer Anspannung erfüllte Gesichter der Personen auf den Nowgoroder Ikonen stehen ihrem Wesen nach der inneren Ruhe, Ausgeglichenheit und geistigen Gesammeltheit der Susdaljer Bilder direkt gegenüber. Die Blicke der Menschen auf den Susdaljer Ikonen sind erfüllt von beschaulicher Weisheit und einem besonderen ‚aristokratischen Geist'. Jede Ikonen-Malschule behandelte auf ihre Weise die neuen philosophischen Ideen. Hier suchte man nach den künstlerischen Mitteln, um das Wesen der mystischen Lehre der sogenannten Hesychasten auszudrücken: ‚das unkörperliche Licht' als Zeugnis der Einswerdung von Mensch und Gottheit. Es wurde durch graduierende weiße Farbe wiedergegeben" (Abb. 55, 56).

Auf dem Susdaljer Kreml ist im ehemaligen Bischöflichen Palast ein Kunstmuseum mit der Ausstellung der wichtigsten neu restaurierten Ikonen der Susdaljer Schule eingerichtet. Wir müssen uns darauf beschränken, die Ikone vom „Schleier der Jungfrau", dem Pokrów der Gottesmutter, als das bahnbrechende Zeugnis der Susdaljer Malschule zu besprechen (Abb. 57). Sie entstammt der Ikonostase der Pokrów-Klosterkathedrale und war früher mit einem kostbaren Oklad, einem Beschlag, versehen. Letzte Gewißheit ihres Ursprungs vermittelt das Löwenwappen der Wladímir-Susdaljer Fürsten, dargestellt auf einer Wand der Basilika. Das Fest Pokrów, das Fest von Mariä Schutz und Fürbitte oder einfach das Fest des Schleiers (der Jungfrau), wurde unter Andrej Bogoljúbskij in der russischen Kirche eingeführt.

55 *Ikone des Erzengels Michael mit der Weltkugel* ▷
56 *Ikone der Gottesmutter* ▷

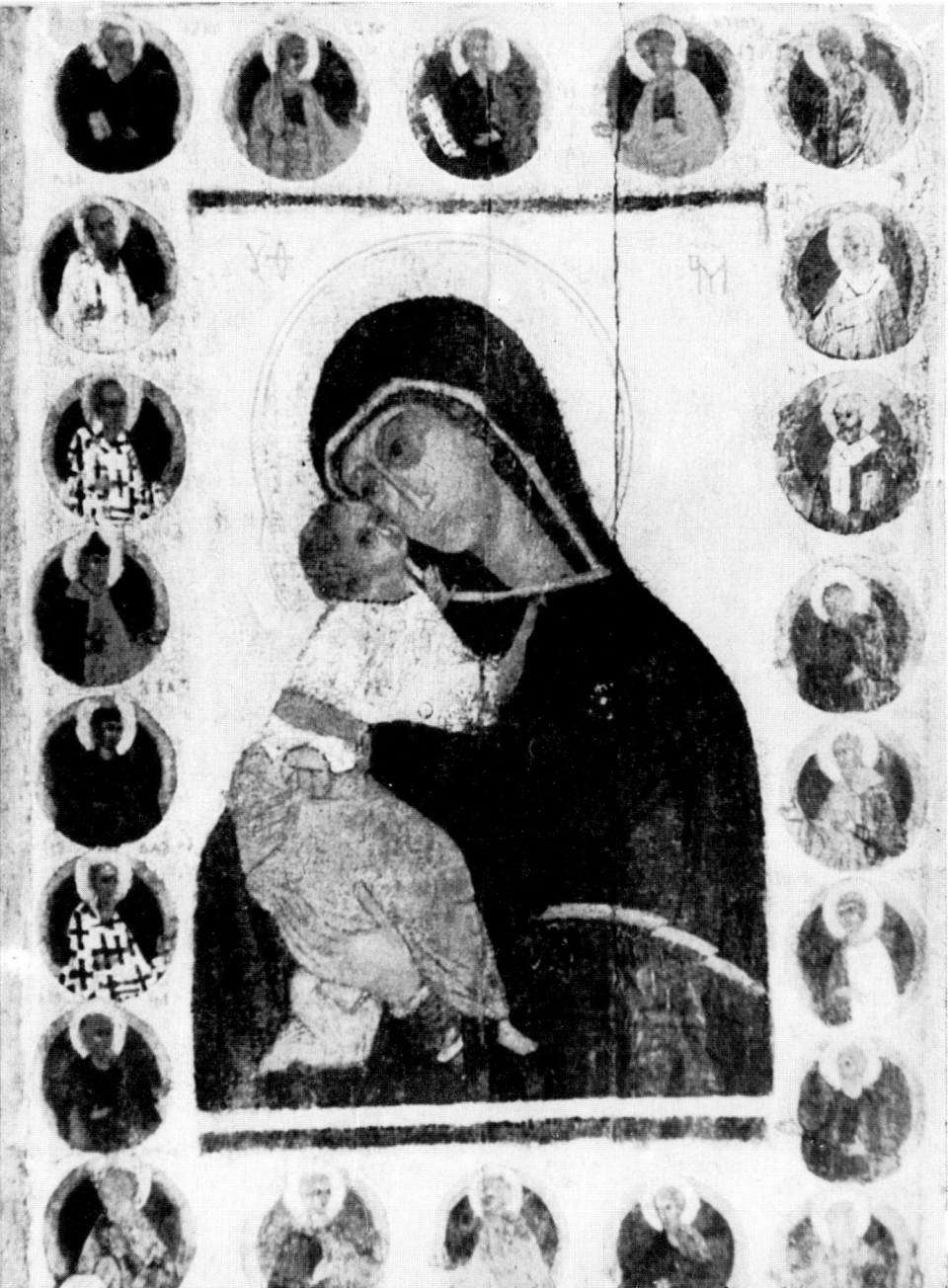

Das Pokrów-Frauenkloster entwickelte sich in den siebziger Jahren des 14. Jahrhunderts zum Mittelpunkt des Kultus vom Schleier. Worum handelte es sich hierbei? Die Legende erzählt, daß während einer Belagerung Konstantinopels im 10. Jahrhundert (wir wiesen auf eine ähnliche Begebenheit im 9. Jahrhundert hin) Andreas Einfalt und sein Schüler zu Epiphanias schauten, wie die Gottgebärerin, umringt von Propheten, Engeln und Aposteln, für das Heil des Menschengeschlechts betete und nach Beendigung des Gebetes ihre Maforia – einen Schleierumhang des Kopfes, der bis zu den Fersen reichte – abnahm und mit ihr zum Zeichen des Schutzes die Beter segnete. Dieser Schleier, die Maforia, war das allergrößte Heiligtum der Blachernen-Kirche und der symbolische Schutz von Konstantinopel. Das Susdaljer Bild stellt nicht so sehr das eben Beschriebene dar – obwohl Andreas der Einfältige rechts mit weisender Hand zu sehen ist –, sondern das sogenannte „gewöhnliche Wunder" der Blachernen-Kirche. Bei diesem erhob sich am Freitag zur Vesper der purpurne Vorhang, der das Bild der Blachernen-Gottesmutter verhüllte und ihren Schleierumhang symbolisierte, und gab das Bild bis zum Ende des ganznächtlichen Gottesdienstes frei.

Nach den Zerstörungen durch die Tataren suchte sich das russische Volk ganz besonders unter den Schutz der Gottesmutter zu stellen. Interessant ist wiederum der Vergleich der Susdaljer Ikone mit der entsprechenden in Nówgorod. Die Erscheinung der Gottesmutter vor Andreas dem Einfältigen steht in Nówgorod im Mittelpunkt, während auf der Susdaljer Ikone der Hymnus zur Verherrlichung der Gottgebärerin das Wichtigste ist, angestimmt von dem gleichfalls in der Mittelachse stehenden heiligen Roman, dem „süßen Sänger". Ihm werden übrigens alle Gottesmutter-Hymnen zugeschrieben. Das vorliegende Bild ist das klassische Muster für die späteren Darstellungen dieser Art. Bemerkenswert ist noch, daß der Nowgoroder Maler das Wunder sich vor der Sophien-Kathedrale, mit der er die gleichnamige in seiner Heimatstadt identifizierte, ereignen läßt. Dagegen gibt die Susdaljer Ikone genau die Blachernen-Basilika und ihre Umgebung wieder. Sie lehnt sich auch in der Farbgebung, besonders im Inkarnat

57   Ikone vom „Schleier der Jungfrau"   ▷

der Gesichter, an byzantinische Vorbilder und damit auch an die Ikone der Gottesmutter von Wladímir an.

Entgegen der früheren Ansicht, die Nowgoroder Schule als Grundlage der russischen Kunstentwicklung anzusehen, führt Adolf Owtschinnikow* aus: „Statt dessen wurde die Mitte Rußlands, wo sich der Kern der Nation bildete, berufen, die historische Wiege der Kultur zu werden. Namentlich hier in Susdalj wurde die klare, vergeistigte Harmonie erreicht, welche mehr dem Volksbewußtsein entsprach als die kriegerische Kunst Nówgorods, die von dem stürmischen und fieberhaften Leben der nördlichen Republik geprägt war.... Die Susdaljer Kunst mit ihrem Gedankenreichtum, ihrer Musikalität und hohen Menschlichkeit und ihrem feinen Formgefühl wurde zur echten Quelle der russisch-humanistischen Kultur."

Wir beenden den Gesamtabschnitt über Wladímir und Susdalj, indem wir der Überzeugung Ausdruck geben, daß tatsächlich ein Ableger der über Byzanz dorthin gekommenen antiken griechischen Kultur sich in dieser Mitte Rußlands bilden konnte, wovon insbesondere die edlen, schönen, klassisch-regelmäßigen Gesichter und die harmonischen Proportionen Zeugnis geben. Hellenische Philosophie ist verklärt durch die christliche Freude über die Schönheit und Herrlichkeit Gottes, wie sie sich in der Person der Gottesmutter dem Gläubigen offenbart und tröstend und schützend zu ihm tritt. Hier wurzelte denn auch in Wahrheit die Kunst eines Andrej Rubljów. Sie wird erst durch die Entdeckung der Susdaljer Malschule in ihrer Vollendung verständlich.

* „Die Schätze von Susdalj", hrsg. von Sawelij Jamschtschikow (russisch).

III. Moskau und St. Petersburg

15. Der heilige Sergej und Andrej Rubljów

An der Wiedergeburt des vom Tatarenjoch überschatteten Rußlands hatten die Einsiedlermönche, vor allem Sergej von Radónesh,
entscheidendes Verdienst. Ehe wir von ihnen berichten, schicken wir
eine kurze allgemeine Orientierung über die Zeitsituation voraus.

In Westeuropa wird viel zu wenig beachtet, daß an seiner Bewahrung vor den Tataren Osteuropa das größte Verdienst hat. Batyj
wich nach der Schlacht bei Liegnitz nicht nur zurück, weil er schon
erhebliche Anstrengungen bei der Eroberung Rußlands hinter sich
hatte – es galt auch, das weite Land zu „befrieden", das immer wieder in Aufständen und Unruhen erbebte. – Vor allem muß der
Schlacht an der Newá gegen die Schweden, 1240, und der für den
Deutschritterorden keineswegs ruhmvollen Schlacht auf dem Eis des
Peipussees, 1242, gedacht werden, wo Alexander Newski im Zweifrontenkrieg gegen diese und die Tataren sich lieber mit dem Tatarenchan verständigte, weil er nestorianischer Christ war, als mit den
von Rom unterstützten Angreifern, die er dann vernichtend schlug.
Die Ostkirche konnte nach dem sogenannten vierten „Kreuzzug" im
Jahre 1204, der sich gegen Konstantinopel selbst richtete, so daß dessen Zerstörung die spätere Eroberung von Byzanz durch die Türken vorbereitete, nicht mehr an die Christlichkeit des Abendlandes
glauben.

Nun breitete sich Schweigen über das russische Land. – Im Westen
klang die reichbewegte Hohenstaufenzeit aus. Rom hatte gesiegt.
Aber ein anderes Zeitalter, mit gotischen Domen, mit scholastischen
Denkern wie Albertus Magnus und Thomas von Aquin, erhob sein
Haupt. Von dieser kulturellen Weiterentwicklung war der Osten zunächst abgeschnitten. Während in Mitteleuropa die Wälder gelichtet
wurden und die Städte erblühten, zogen sich wesentliche Teile der
russischen Bevölkerung in die Urwälder zurück, verbargen sich, um

58 Holzschnitt „Die Schlacht auf dem Schnepfenfeld". (Siehe auch Seite 224)

innere Kraft zu sammeln. In den Tiefen der Volksseele keimte und reifte sie, bestimmt, in Zukunft die Befreiung des russischen Landes zu erkämpfen. Die großen verborgenen Erzieher des Volkes waren die Einsiedlermönche in den nordischen Wäldern. Dort gründeten sie ihre später so berühmt gewordenen Klöster (vgl. Anhang).

Das Troize-Sergijew-Kloster bei Sagórsk gehört zur Geschichte Moskaus wie das Höhlenkloster zu Kiew und das Alexander-Newski-Kloster zu Petersburg. Dieses ebenfalls zu einer mittelalterlichen Festung ausgebaute Kloster hat mehr als einmal eine entscheidende Rolle gespielt. Iwan IV. pilgerte mit seiner jungen Gemahlin Anastasia zu Fuß dorthin; in der Zeit der Wirren widerstand das Kloster den polnischen Belagerungen; schließlich flüchtete sich Peter der

164

Große vor den Ränken seiner Halbschwester Sophie an diesen Ort. Aber die größte Bedeutung für das Geschichtsbewußtsein des Volkes hat die Tat des Starez Sergej, als er im Jahre 1380 den zu ihm gekommenen Großfürsten Djmitri von Moskau zum Sieg über die Tataren segnete (Abb. 58, 59, 60). Die Anlage, der Sergej als Abt vorstand, war noch eine bescheidene Klosterniederlassung mitten in den Wäldern. Aus der Legendenbildung erfährt man kaum etwas über die geistige Größe dieser überragenden Gestalt des Sergej, dessen zahlreiche Schüler sich über ganz Mittelrußland verbreiteten und Klöster, Schulen und Bibliotheken gründeten. Warum sollten wir jedoch nicht glauben, daß seine fromme Mutter, als sie ihn noch unter dem Herzen trug, anläßlich des Sonntagsgottesdienstes bei den drei

165

59 *Detail von 58: Der Mönch Pereswjet und der Tatarenzar Mamaj. (Siehe auch Seite 224)*

Höhepunkten des Kultus – der Evangelienverkündigung, dem Cherubimgesang und der Epiklese – das Frohlocken des Kindes innerlich vernommen hätte? Oder daß er aufwuchs „und zunahm an Körper, Seele und Geist" (sic!), bis er sieben Jahre alt geworden war und die Eltern ihn in den Schulunterricht gaben? Oder daß der Knabe größte Schwierigkeiten hatte, sich die Schrift anzueignen, bis er einmal auf der Suche nach verlorenem Vieh einem seltsamen heiligen Greis begegnete, der unter einer Eiche stand und betete, und dieser ihm auf seine Bitte die Gabe des Lesens und der Schrifterkenntnis wie durch ein Wunder verlieh; der dann den Eltern verhieß, daß ihr Sohn eine

60 *Detail von 58: Dreifaltigkeitskloster mit dem Hl. Sergej. (Siehe auch Seite 224)* ▷

166

Wohnung der Dreifaltigkeit sein würde, und danach plötzlich verschwand? Daß Sergej schon als Jüngling in das Dickicht des Waldes ging und Einsiedler wurde, wenig über zwanzig Jahre alt zum Mönch geweiht? Daß die wilden Tiere ihm nichts antaten, ja, einmal ein Bär kam und er mit diesem sein weniges Brot teilte, worauf der Bär über ein Jahr lang täglich sein Brot von ihm empfing? – Er war gewiß der bescheidenste unter den geistlichen Brüdern, die sich bald um ihn als ihren Abt zu sammeln begannen. Von seinen Gesichten wird erzählt oder auch davon, wie die anderen in seiner Begleitung einen Engel schauten, als er die göttliche Liturgie zelebrierte, wie die Mutter Gottes ihn besuchte und bei seinem Tode ein wunderbarer Duft von seinem Körper ausging und sein Antlitz wie Schnee leuchtete.

Das sind kindlich-einfältige Zeugnisse über das Leben des Sergej von Radónesh, der mit Stefan von Perm, dem Missionar der Finnen, und Aleksij vom Kiewer Süden an der geistigen Wiedergeburt Rußlands arbeitete. Diese drei waren die gebildetsten Männer ihres Zeitalters. Man kann ihren Geisteskampf mit den Ausdrücken der alten Mysterien und der christlichen Mystik so umschreiben: Sie reinigten ihre Seelen (Katharsis), um zur Erleuchtung (Photismos), dem geistigen Licht und endlich zur Einung (Henosis) mit Gott zu gelangen. – Diese Bewegung fand im 16. Jahrhundert durch das Eingreifen der kirchlichen und weltlichen Obrigkeit ihr gewaltsames Ende.

Wer aber den Ruhm des Dreifaltigkeitsklosters und seines Begründers, des heiligen Sergej, vollendete, das war Andrej Rubljów (∼1360 bis ∼1430), der bedeutendste russische Maler des 14./15. Jahrhunderts. Da er Zeitgenosse der Schlacht auf dem Schnepfenfeld (1380) war, verlief seine Jugend in der Epoche, als die Russj, verwüstet durch die Tataren, ihre Auferstehung zu erleben begann. Das genaue Datum und der Ort seiner Geburt sind nicht bekannt. Doch gibt es Nachrichten, die darauf hindeuten, daß er in seiner Jugend mit der Klause des Sergej von Radónesh, mit dem Troize-Sergijew-Kloster verbunden war. Dort wird die ungewöhnliche Begabung des jungen Künstlers schon bald entdeckt worden sein. Das brachte ihn nach Moskau, wo er im Andronikow-Kloster Mönch wurde. Der erste Abt dieses Klosters war ein Schüler des Sergej.

Heute ist dieses ehemalige Kloster, in dem Andrej Rubljów lebte, arbeitete und begraben wurde, zu seiner Gedächtnisstätte erhoben.

Zum ersten Male nennt ihn eine Chronik im Jahre 1405, als er mit anderen Malern, vor allem Feofan Grek, berufen wurde, die Verkündigungskirche (in ihrer ersten Gestalt) im Kreml auszumalen. In der neuen Kirche ist eine Ikonostase erhalten geblieben, deren Jahresfest-Bilder (von unten die dritte Reihe) von Weihnachten bis zum Einzug in Jerusalem Andrej Rubljów zugeschrieben werden. Sie zeichnen sich durch einen wunderbar leichten silbernen Ton aus. Feofan Grek, der vor allem durch seine Nowgoroder Arbeiten berühmt ist, war von düster-energischer, rebellischer Natur, ganz anders als der etwas jüngere Rubljów, der als von beschaulicher, froher und lichter Gemütsart geschildert wird. Seine tiefe, lyrische Innerlichkeit machte ihn wie dazu geschaffen, die Susdaljer Malschule fortzusetzen, denn dort sind seine Wurzeln. Im Jahre 1408 wurde Andrej Rubljów mit seinem Freund Daniil Tschornyj nach Wladímir geschickt, um die Mariä-Himmelfahrts-Kathedrale neu auszumalen. Eine grandiose Gesamtkomposition, nämlich die des Jüngsten Gerichts, scheint den Meistern vorgeschwebt zu haben. Sie beginnt am Eingang mit den Posaune blasenden Engeln, geht über zu den von Petrus und Paulus berufenen Gerechten und endet bei den thronenden und richtenden Aposteln. Aber nur blasse Fragmente haben sich erhalten. Dafür ist der ganze Ikonostas gerettet. Er war in das Dorf Wassiljewskoje verkauft worden und bildet jetzt Glanzstücke des Russischen Museums in Leningrad und der Tretjaków-Galerie in Moskau. Dort befinden sich weitere Hauptwerke: Aus Swenigorod stammen drei großformatige Darstellungen des Erzengels Michael, des Christus und des Paulus (Abb. 61, 62, 63). Hier zeigt sich Rubljów als Meister: Im Antlitz Christi ist das Byzantinische ganz überwunden, es schaut einen der Typus des vergeistigten Russen an; ebenso im Paulus. Dagegen trägt der Erzengel weiblich-sanfte Züge und bereitet uns im Ausdruck der Augen und der Haltung des Kopfes auf Rubljóws Hauptwerk, die weltbekannte Troiza, vor.

61 *Moskau, Erzengel Michael aus Swenigorod von Andrej Rubljów* ▷
62 *Moskau, Christus von Andrej Rubljów* ▷

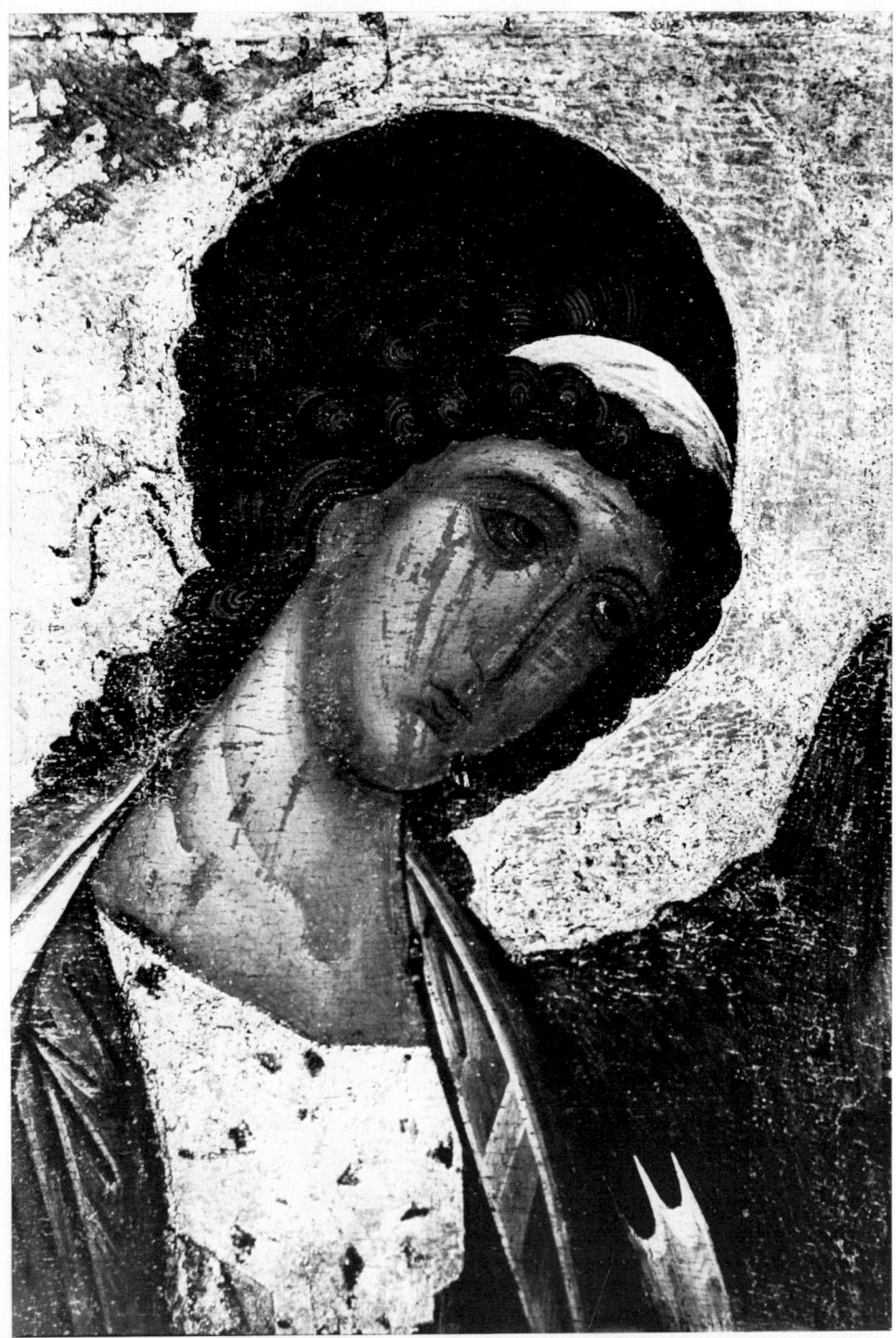

In den zwanziger Jahren des 15. Jahrhunderts wurden Daniil Tschornyj und Andrej Rubljów in das Troize-Sergijew-Kloster gerufen, wo das 1408 von den Tataren zerstörte Heiligtum vom Nachfolger des Sergej, Tichon, unterdessen in Stein wiederaufgebaut worden war (Abb. 64). Sie sollten die Dreieinigkeits-Kirche ausmalen und die Ikonostase herstellen. Letztere hat sich in ihrer lebendig erzählenden Komposition am Ort erhalten. In der gleichen Zeit schuf Andrej Rubljów „zum Lobe dem Vater Sergej" sein tiefsinnigstes Meisterwerk: die Dreifaltigkeits-Ikone. Die zarten, reinen Farben in Kornblumenblau, Goldgelb und Silbergrün verbreiten einen wunderbaren Frieden, der zur stillen Betrachtung einlädt. Seit jeher hat man sich in der Ostkirche davor gescheut, das Mysterium der Dreieinigen Gottheit abzubilden. Man nahm statt dessen jene Szene aus dem Alten Testament, wo drei Männer bei Abraham einkehren, und gestaltete danach die Ikone der Agia Troiza: Drei Engel – der mittlere trägt den Christus-Nimbus – thronen hinter einem Altartisch, vor dem links und rechts Abraham und Sarah dienen. (Manchmal wird unten in der Mitte sogar das Kalb geschlachtet, wobei der Diener in genau der gleichen Haltung wie einst der Gott Mithra auf dem Tier kniet und ihm das Messer in den Hals stößt.) Das unerhört Neue in der Darstellung Rubljóws besteht darin, daß er hundert Jahre vor den großen Renaissancemalern allein die menschliche Gestalt, die Handgebärde und das Antlitz sprechen läßt und auf alle Symbolik, außer dem einen Kelchgefäß auf dem Altar, verzichtet. Vergegenwärtigen wir uns die Begebenheit: Zu Abraham kommen drei Männer – seit jeher sah man in ihnen Gott den Herrn mit zwei Engeln zur Seite –, und er bereitet ihnen den Tisch unter der Eiche. Es entspinnt sich ein Gespräch, in welchem Abraham der künftige Sohn angezeigt wird. Wenn es statthaft ist, auf göttliche Entschlüsse unsere Zeitbegriffe anzuwenden, so wird *in diesem Augenblick* die „Fleischwerdung des Logos" (Joh. 1) durch die Auserwählung des Stammvaters jenes Volkes eingeleitet, dessen Blut durch dreimal vierzehn Generationen (Matth. 1) zur Einwohnung des Gottessohnes geläutert

werden soll. In wunderbarer Transparenz verstand es Rubljów anzudeuten, wie die mittlere Gestalt gleichsam schon im voraus den Kelch segnet, der einst ihr Blut empfangen wird.

Offensichtlich hat die alte Ikone der Gottesmutter von Wladímir in Rubljów nachgewirkt, müssen wir doch die Wurzeln seiner Kunst in Wladímir-Susdalj suchen.

◁   *64   Troize-Sergijew-Kloster*

16. Die Kreml-Kirchen in Moskau

Mit dem Troize-Sergijew-Kloster – heute trägt der Ort den Namen Sagórsk – sind wir nahe an Moskau herangekommen; Andrej
Rubljóws Meisterwerke fanden wir im Tretjaków-Museum.

Nehmen wir wieder den geschichtlichen Faden auf: Die Großfürsten von Moskau hatten die Sammlung der russischen Erde voran-
getrieben, bis Iwan III. der Große als erster den Titel „Zar von ganz

Fig. 12: Wappen des Großfürsten von Tschernigow

176

Rußland" annahm und sich mit der Nichte des letzten byzantinischen Kaisers nach dem Fall von Konstantinopel (1453) vermählte. So kam der zweiköpfige Adler nach Moskau und trug seither das alte Rurikidenwappen an seiner Brust (s. das Wappen des Großfürsten von Tschernigow und das spätere Staatswappen: Abb. 65, Fig. 12). Die Bezeichnung Moskaus als „drittes Rom" tauchte auf, als 1510 der Mönch Filofej aus Pskow schrieb: „Die Kirche des alten Rom ist in die gottlose Häresie gefallen. Das neue Rom, d. h. die Kirche von Konstantinopel, ist im Besitz der Türken; jetzt ersteht die heilige und apostolische Kirche des dritten Rom, die bis zu den Grenzen des Erdreichs durch das Licht des rechten Glaubens wie die Sonne leuchtet. Ein viertes wird es nicht geben."

65 Siegelabdruck mit dem Rurikiden-Wappen. (Siehe auch Seite 225)

Einem Italiener, Aristotele Fioraventi aus Bologna, gab Iwan III. den Auftrag, die Hauptkirche auf dem Kreml-Hügel zu bauen (1475 bis 1479, Abb. 66). Dazu sollte sich dieser zuvor mit den berühmten Kirchenbauten der vormongolischen Zeit in Wladímir und Nówgorod vertraut machen. Tatsächlich übernahm Fioraventi die Monumentalität und Prägnanz von der Sophien-Kathedrale in Nówgorod (fünf Kuppeln) und die romanisch anmutenden Arkadenfriese von der Mariä-Himmelfahrts-Kathedrale in Wladímir. Nur der Innenraum verrät die lichte italienische Renaissance-Bauweise. Besonders eindrucksvoll sind die Säulen, zwischen denen die Krönung der Zaren stattfand. – So haben wir nach 300jähriger Pause, verursacht durch unendliche Leiden der Tatarenzeit, in der Mariä-Himmelfahrts-Kirche wieder einen großen Bau. Bedeutsam ist die konsequente Anknüpfung an den alten Stil. Mit dem Namen sollte auch die neue Heimstätte für das Palladium Rußlands, die Gottesmutter von Wladímir, geschaffen werden.

Mit der Krönungskirche ließ Iwan III. zugleich den mit facettierten Steinen geschmückten Granowitaja-Palast errichten, in dem sich der Thronsaal befindet (1481–1508, Abb. 67). Gemäß dem von Iwan III. übernommenen byzantinischen Hofzeremoniell, dem auch tatarische Elemente anhafteten, bewegte sich von hier die sogenannte Schöne Freitreppe (heute nicht mehr vorhanden) abwärts, der pompöse Krönungszug zur gegenüberliegenden Kirche. Eindringlicher konnte der Cäsaro-Papismus seinen Einzug nicht halten! Der Herrscher „von Gottes Gnaden" war in Rußland erschienen.

In derselben Epoche wurde die als Hofkirche neben dem Zarenpalast gelegene Verkündigungs-Kathedrale umgebaut (1484–1489, Abb. 68). Sie steigt mit ihren kielähnlichen Kokoschniks bis zur obersten Kuppel pyramidenmäßig auf – auch dies ein Gleichnis der neu zusammengefaßten Staatsmacht. – Die dritte der neugestalteten Kreml-Kirchen ist die Erzengel-Michael-Kathedrale (1505–1509, Abb. 69, 70), im Jahre 1333 als Nekropole der Moskauer Großfürsten erbaut, als welche sie auch den russischen Zaren bis zu Peter I. diente. Sie hat am stärksten den Dekorationsstil der Renaissance an-

66 *Moskau, Mariä-Himmelfahrts-Kathedrale* ▷

67   *Moskau, Granowitaja-Palast*

genommen. – Auch nach außen verwandelte sich der Moskauer Kreml grundlegend: In den Jahren 1485 bis 1500 wuchsen die Festungsmauern mit ihren mächtigen Türmen empor (Abb. 71), wie sie sich bis in unsere Tage erhalten haben. Meister im Fortifikationsbau waren aus Italien nach Moskau gerufen worden. So wurde der Kreml zu einer Musterfestung, wie es deren nur wenige in Europa gab. Dazu kam noch der Ring der damals außerhalb der Stadt gelegenen Klöster, die, desgleichen mit Mauern umgeben, befestigte Vorwerke darstellten.

180

71 *Moskau, Kreml*

Die Riesenstadt von heute bietet hierzu eine merkwürdige Parallele, besonders wenn man sie bei Nacht betrachtet: Den Kern bildet nach wie vor der Kreml mit seinen von rot leuchtenden Fünfsternen besetzten fünf hohen Türmen. Im weiten Umkreis, aber noch innerhalb des engeren Stadtbezirks, erheben sich die überdimensionalen Hochhäuser, viele gleichfalls mit dem roten Stern auf spitzem Turm geschmückt, dazu die Lomonóssow-Universität. Man kann diese Türme ganz gut auf den Prototyp des Spasski-Turms zurückführen, den der Mailänder Pietro Antonio nach dem Kastell der Sforza entwarf.

*

Besuchen wir drei klösterliche Komplexe, die früher als befestigte Vorwerke die Stadt umringten, heute jedoch innerhalb derselben gelegen sind. Sie haben eine besondere Rolle in der Geschichte Moskaus gespielt: das Andronikow-, das Neu-Jungfrauen- und das Don-Kloster.

Das siegreiche Heer des Djmitri Donskoj formierte sich beim Andronikow-Kloster auf beiden Ufern der Jausa, um mit dem Großfürsten an der Spitze und von der ganzen Bevölkerung Moskaus eingeholt zum Kreml zu ziehen. Wir schreiben das Jahr 1380, als auf dem Schnepfenfeld am Don die Tataren ihre erste Niederlage von den Russen erlitten hatten. – 1410–1427 wurde im Andronikow-Kloster die Erlöser-Kirche erbaut. Sie gehört zu den ältesten Baudenkmälern Moskaus und ist aus weißem Stein errichtet, dem bevorzugten Baumaterial der nordöstlichen Russj. Diese Kirche erinnert auch mit ihrem klaren Grundriß an die Kathedrale von Wladímir und Susdalj. Bei ihrer Entstehung hat Andrej Rubljów mitgewirkt. Im Andronikow-Kloster war er in seiner Jugend zum Mönch geweiht worden; hier hatte er lange Jahre gearbeitet, hier ist er auch um 1430 gestorben und begraben worden. Darum hat man das Kloster zu seiner Gedenkstätte erhoben und ein Museum der alten Malkunst dort eröffnet.

Das Neu-Jungfrauen-Kloster (Abb. 72) wurde 1524 begründet; 1610 widerstand es den Polen; es war Verbannungsort der Halbschwester Peters des Großen, Sophie; der Zerstörung durch Napoleon konnte es durch den mutigen Einsatz der Nonnen entgehen. Auf den dortigen Friedhöfen befinden sich die Gräber vieler berühmter Persönlichkeiten, so des Philosophen Wladímir Solowjów, der Schriftsteller A. P. Tschechow und P. N. Kropotkin, des Komponisten A. N. Skrjabin.

Das Don-Kloster, heute Architekturmuseum, wurde vom „blassen Zaren" (R. M. Rilke, „Die Zaren", 1906) Feodor Iwanowitsch, dem letzten Rurikiden auf dem Moskauer Thron, 1592 errichtet.

Von den Sperlingsbergen (jetzt Leninberge genannt), wo sich die überdimensionale Lomonóssow-Universität befindet – von ferne gleicht sie einer grauen Pyramiden-Kulisse –, hat man einen wunderbaren Blick über ganz Moskau. Zwischen den beiden letztgenannten

Klosterensembles sieht man in der Ferne die goldglänzenden Kuppeln des Kremls. Hier stand 1812 Napoleon und wartete vergebens auf die Bojáren-Deputation, die ihm die Schlüssel der Stadt überbringen sollte. Moskau war verlassen und ausgestorben. Es wurde in Kürze ein Raub der Flammen. Lew Tolstoj hat in seinem Roman „Krieg und Frieden" das säkulare Verhängnis des Brandes von Moskau geschildert. Noch großartiger ist seine Darstellung der vorausgegangenen Schlacht bei Borodinó. Er läßt den russischen Feldherrn Kutusow am Abend nach der mit ungeheuren Verlusten für beide Seiten verbundenen Niederlage das Gegenteil aussprechen: „Überall sind sie (die Franzosen) geworfen, und dafür danke ich Gott und unserer braven Armee. Der Feind ist besiegt, und morgen jagen wir ihn von der heiligen, russischen Erde! . . . Und mit Hilfe jenes undefinierbaren, geheimnisvollen Verbindungssystems . . . das man als Geist der Armee bezeichnet . . . gelangten Kutusows Worte . . . im Fluge bis zu den äußersten Enden der russischen Truppenaufstellung. . . . Da empfanden alle diese erschöpften, aus dem Gleichgewicht gebrachten Männer Trost und Ermutigung." Daß die Russen *ihr* Moskau aufgeben mußten, war dann gar nicht das größte Unglück. Statt dessen bereitete sich unentrinnbar die Katastrophe der Grande Armée vor. „Die Lage des ganzen Heeres war etwa die eines verwundeten Tieres, das seinen Untergang zwar ahnt, aber nicht weiß, was es tut. Vertieft man sich in die kunstvollen Manöver Napoleons . . . vom Einmarsch in Moskau bis zur völligen Vernichtung dieser Truppen, so ist es, als beobachte man die letzten Todessprünge und Todeszuckungen eines todwunden Wildes . . ." Und Tolstoj weiß das „Wunder von Borodinó" so zu deuten: „Er, dieser Zauderer Kutusow . . . behauptet als einziger . . . die Schlacht sei gewonnen, obwohl alle Generäle sie für verloren erklären, und bleibt bei dieser Behauptung bis an seinen Tod . . . Dieses merkwürdige Einblicksvermögen in den Sinn des Geschehenden wurzelte in jenem volksmäßigen und volkstümlichen Empfinden . . . und hob ihn auf jene höchste menschliche Höhe, von der aus er als Oberkommandierender alle seine Kräfte nicht daran setzte, Menschen zu töten und zu vernichten, sondern sie zu retten und zu schonen."

Nicht weit vom Neu-Jungfrauen-Kloster befindet sich in der jetzt seinen Namen tragenden kleinen Straße das aus Holz gebaute Herrenhaus Tolstojs. Hier wohnte er von 1882 bis 1901. In Jasnaja Poljana, dem Gut, wo er geboren und aufgewachsen war, hatte er seine großen Romane geschrieben und bereits Weltruhm erlangt. In Moskau lernte er das Elend der Stadtbevölkerung kennen und vollzog die entschlossene Wende zum Sozialen. 1901 erfuhr er seine Ausstoßung aus der Kirche. Aber alles, was in der literarischen und künstlerischen Welt Namen hatte, ging bei ihm ein und aus. Man fühlt sich in seinem Haus von einer Atmosphäre umgeben, wie sie auch im Goethehaus in Weimar wahrzunehmen ist. Und wie das abgelegene, bescheidene Studierzimmer dort, das Goethes Sterbezimmer wurde, ergreift, so hier der Anblick von Tolstojs Kabinett im zweiten Stock mit den schwarzen Ledersesseln, großem Lederdiwan und Schreibtisch, wo er bei Kerzenschein arbeitete.

Von Moskaus Vergangenheit gibt noch das im Norden der Stadt gelegene Schloß und Museum Ostankino unvergeßliche Kunde. Graf Scheremetjew ließ Mitte des 18. Jahrhunderts Schloß und Park von leibeigenen Architekten und Meistern gestalten. Dann fand im großartig ausgestatteten Theatersaal die Aufführung von über 100 Opern und Balletten statt. Das Ensemble umfaßte beinahe 200 leibeigene Schauspieler, Musiker, Sänger und Tänzerinnen.

17. Iwan der Schreckliche und Borís Godunów

Der Rote Platz mit dem Mausoleum Lenins stellt unzweifelhaft das Zentrum der UdSSR dar. Er ist am eindrucksvollsten bei Nacht, wenn von den Kremltürmen die rubinroten Sterne strahlen, über den Mauern die vielen goldenen Kirchenkuppeln erglänzen, vom Spasski-Turm die volle Stunde schlägt und die Ablösung der Wache im Stechschritt anmarschiert. Man kann sagen: Der Rote Platz ist wie kein anderer Zeuge der russischen Geschichte geworden. In der Tretjaków-Galerie gehört zu den einprägsamsten Gemälden jenes von W. Surikow (Abb. 73), auf dem Peter der Große hoch zu Roß vor der Kremlmauer sich mit stechendem Blick an der Qual seiner Halbschwester Sophie weidet, indem er die von ihr aufgestachelten Strelizen, schon im Totenhemd und mit der Sterbekerze in der Hand, zur Hinrichtung führen läßt. Aber wir müssen uns hier vor allem an Iwan IV. den Schrecklichen (1533–1584) erinnern, der Moskau, trotz aller Wahnsinntaten, als erster autokratischer Herrscher seinen persönlichen Stempel aufgedrückt hat. Auf rationale Weise kann man seine Gestalt nicht fassen, sowenig wie der bizarre Bau der Wassilij-Blashennyj-Kirche als christliches Gotteshaus zu fassen ist. Er ließ sie von russischen Handwerkern nach der Eroberung des Tataren-Chanats von Kasan als Siegesmal errichten. Diese Kirche (1555–1560), bestehend aus neun Kapellen, stellt ein Konglomerat aller bis dahin errichteten Moskauer Bauten dar: Der mittlere, zeltartige Turm hat zu seinem Vorbild die Himmelfahrtskirche in Kolomna, welche als erste das Zeltmotiv aus der Holzarchitektur in Stein zeigte; die anderen Türme wiederholen in ihrer Etagenanordnung den Bau des Glockenturms, genannt „Iwan der Große"; die Frauenhüten ähnlichen Kokoschniks folgen den dekorativen Motiven der Verkündigungs- und Erzengel-Kirchen; die an Zedern- und Kiefernzapfen erinnernden Kuppeln sind Variationen des Palastes mit seinen facet-

73   Moskau, „Am Morgen der Hinrichtung der Strelizen" von W. Surikow

tierten Steinen. Nichts ist an dieser Kirche original zu nennen! Wenn
man sie als „Enzyklopädie aller russischen Architekturformen"
rühmt, mag man es tun; auf uns macht sie mit ihren bizarren Formen
mehr den Eindruck, als habe sich der Tatarengeist, nur äußerlich besiegt, mitten in Moskau niedergelassen. (Abb. 74).

Iwan der Schreckliche, nicht umsonst auch Zar von Kasan geworden, ließ nach seinem Staatsstreich von oben, durch den er die Bojáren entmachtete, alle standesmäßige Ordnung aufhob und durch seine
Opritschina ersetzte, einen Tataren zum Schein-Zaren krönen, dem
aller schuldige Respekt gezollt werden mußte und in dessen Namen
er weiterhin regierte. Was er als wahrhaft absurdes Theater dem
Volk und der Welt vorspielte, das wurde Wirklichkeit, als sein ge-
lehriger Schüler, Borís Godunów (1598–1605), den Thron der Ru-

74   Moskau, Wassilij-Blashennyj-Kirche   ▷

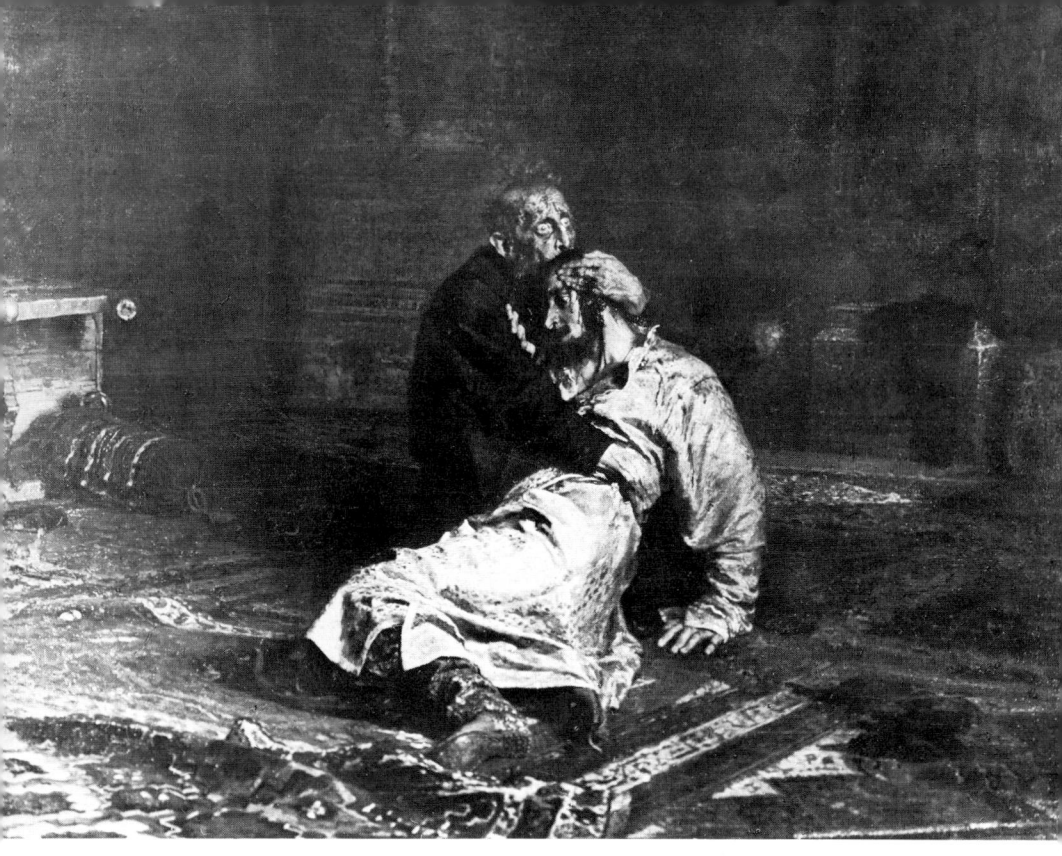

75　*Moskau, „Iwan der Schreckliche und sein Sohn Iwan" von I. E. Repin*

rikiden bestieg. Nun saß, kaum hundert Jahre nach Abschüttelung
des Tatarenjochs, ein gebürtiger Tatar auf dem Zarenthron. Wie er
durch Beseitigung des letzten Erben, des Djmitri, dazu gelangt war,
hat die Volkssage besungen und Puschkin dramatisch gestaltet. Iwan
der Schreckliche hatte Godunów selbst die Bahn geebnet, indem er
zuletzt auf so tragische Weise seinen Sohn Ioan erschlug. Auch davon
hängt in der Tretjaków-Galerie ein erschütterndes Gemälde von I. E.
Repin (Abb. 75). Man kann den Blick des gebrochenen Vaters, der
den sterbenden Sohn in den Armen hält, nicht vergessen. Wladímir
Solowjów charakterisiert diese Moskauer Epoche „als eine allerdings
unvermeidliche, aber langdauernde und sehr schwere *Wachstums-
Erkrankung*". Wäre Iwan Grosny – d. h. eigentlich: der Gestrenge –

vom Volk nicht doch letzten Endes als einer der Seinigen empfunden worden, so hätte sich seiner Gestalt die russische Volksdichtung nicht bemächtigt. Die Heldenlieder besingen ihn nach der Eroberung von Kasan als den ersten Moskauer Zaren, vor allem aber seine geliebte erste Frau, Anastasia Romanowa, die er wie ein Märchenprinz gewann. Dreizehn Jahre hatte sie ihn bis zu ihrem allzufrühen Tode wunderbar geleitet. Dann trat die tragische Wendung ein, und er wurde zum mißtrauischen, grausamen und unberechenbaren Wüterich. Er ist auch der endgültige Zerstörer Groß-Nówgorods gewesen. Bald nach seinem Tod brach die Zeit der Wirren an, der Borís Godunów nicht steuern konnte. Godunów hat sich ein bleibendes Denkmal mit der Vollendung des Glockenturms Iwan der Große (1505 bis 1600) errichtet, unter dessen Kuppel sein Name zu lesen ist (Abb. 76).

*

Mit den falschen Demetrii kamen die Polen bis nach Moskau. Die berühmte Marfa Krjúkowa hat eine Stariná darüber gesungen:

Über Grischka Rasstriga

„Grischka, der entlauf'ne Mönch, gedachte
Bei uns in dem steinerbauten Moskau
Zu vermählen sich, als Zar regierend.
Rief zusammen alt und junge Leute,
Las dann vor den Brief, den er geschrieben
An die Zarin, Mutter des Djmitri."

Darin nannte er sich ihren Sohn und entbot sie nach Moskau.

„Als den Brief erhielt die Zarinmutter
Und ihn las, vergoß sie viele Tränen:
Lock mich nicht mit trügerischen Künsten!
Mein geliebtes Kind, der Zarensohn,
Licht-Djmitri ward bei mir erschlagen,
Ward geschlachtet bei unschuld'gem Spiele."

Aber sie begibt sich dennoch nach Moskau (vgl. Schillers „Demetrius").

„Der sich ihren Sohn mit Namen nannte,
Ging heraus, nach Sohnesart zu grüßen,
Neigte tief das Haupt und gab ihr Ehre,
Küßte ihre Lippen, fiel zu Füßen,
Als ob ihren Segen er empfange.
Führte sie in den Palast des Zaren,
Daß das Volk ihn für den Echten halte.
Bei ihm blieb drei Tage da die Zarin.
Fing das Volk von Moskau an zu glauben,
Er sei wirklich Zarensohn Djmitri.
Aber nach drei Tagen fuhr die Zarin
Weg und sprach zum Volk: Ihr guten Leute,
Laßt euch nicht durch Grischkas List betrügen.
. . .
Nun gedacht der ungeschorne Mönch sich
Zu vermählen mit der Braut aus Polen,
Marina, des Polen-Königs Tochter.
Ihm versprach er fast das halbe Rußland
Mit den Dörfern, Städten, Flüssen, Meeren.
Hochzeit hielten sie auf Michaeli.
Fromme Leute gingen da zur Kirche,
Aber Grischka blieb im Bade sitzen."

Da empört sich das Volk, und die Strelizen dringen in den Palast
ein:

„Grischka da sich aus dem Fenster stürzte
Von dem Turme. Seine Frau Marina
Zauderte nicht lange; zauberkräftig
Sie in eine Elster sich verwandelt',
Flog hinweg und ward nicht mehr gesehen."

Im Jahre 1610 gelang es den polnischen Truppen noch einmal,
durch Bojárenverrat sich Moskaus zu bemächtigen, bis eine Volkserhebung unter dem Bürger Minin und dem Fürsten Posharski das
Land freikämpfte. 1613 wurde Michail Romanow zum Zaren erwählt.

◁   *76 Moskau, Glockenturm „Iwan der Schreckliche"*

18. Peter der Große und seine Schöpfungen

Für die Neuzeit wollen wir uns im Rahmen dieses Buches auf drei Persönlichkeiten beschränken, die den Charakter Rußlands bis zur Oktoberrevolution 1917 weitgehend geprägt haben: Peter der Große (1672–1725), Lomonóssow (1711–1765) und Puschkin (1799–1837). Ihre Schöpfungen auf politischem, wissenschaftlichem und künstlerischem Gebiet ergänzen und beleuchten sich gegenseitig.

Mit der Gründung St. Petersburgs (1703) begann eine neue Ära der russischen Geschichte. Indem „das Fenster nach Europa" aufgestoßen wurde, überschwemmte die westliche Zivilisation zunächst alle staatlichen und kirchlichen Einrichtungen und bewirkte eine Scheinentwicklung, die das russische Volk draußen ließ. So kann man nicht sagen, daß die Geisteskultur Rußlands eine direkte Fortsetzung gefunden hätte – wobei wir hier auf die großen Dichter und Schriftsteller nicht eingehen. Moskau stagnierte, und das religiöse Leben konnte nur im verborgenen weiterfließen. Dennoch brachte die gewaltsame Europäisierung staunenswerte Früchte hervor, so daß man darin eine geschichtliche Notwendigkeit bis zu dem Punkt anerkennen muß, in dem Lenin in Petrograd (die 1914 russifizierte Form des Namens St. Petersburg, seit 1924: Leningrad) die Oktoberrevolution ausrief.

Von allen Hauptstädten Europas ist St. Petersburg (1712 Hauptstadt) am großartigsten, allerdings auch gefährdetsten in die Natur eingebettet und vom nördlichen Licht verzaubert. Den Riesenausmaßen der Ufer entsprechen die Bauten, so daß sich beides gegenseitig steigert. So läßt sich vom „großen Stil" aller Architektur in St. Petersburg sprechen, der seine Vollendung im Bau der Isaaks-Kathedrale (1819–1858, Abb. 77) durch A. A. Montferrand fand. Diese Kathedrale wurde zum ewigen Gedächtnis des Städtegründers Peters des Großen errichtet. Sein Geburtstag, der 30. Mai 1672, war der Tag des heiligen Isaak von Dalmatien; deshalb erhielt sie dessen Na-

77 *Leningrad, Isaaks-Kathedrale an der Newa*

men. Die schwervergoldete Kuppel des Gotteshauses ist nicht aus dem
Stadtbild wegzudenken und bestimmt noch heute zusammen mit der
goldenen Spitze der „Admiralität" und dem 122 m hohen ver-
goldeten Glockenturm der Peter-Pauls-Festung die Silhouette der
Stadt am mächtigen Newá-Fluß. Hier also stand er, Peter der Große,
wie Puschkin ihn in seinem Gedicht „Der eherne Reiter" besingt, am
Ufer der wüsten Wogen, gewaltige Entschlüsse bewegend. Wie einer
der Riesen aus den Bylinen – diesen Vergleich zieht Wladímir Solowjów – stampfte er buchstäblich die Großstadt aus dem Sumpf, um
am Baltischen Meer Fuß zu fassen und ein Fenster nach Europa auf-
zuschlagen. Einen solchen Plan konnte kaum ein Mensch, nur ein
Riesen-Elementargeist oder eben ein Russe ersinnen.

197

„Ich liebe dich, die Schöpfung Peters,
Ich liebe deine strengen Züge,
Der Newá hoheitsvollen Strom,
Des Uferdamms granit'ne Kraft,
Der Ketten schmiedeeisern' Zier,
Ich liebe deine weißen Nächte,
Den ohne Mond durchglänzten Dämmer –
Wenn ich in meiner stillen Kammer
Schreibe und lese ohne Licht.
Wenn klar die schlafenden Gewalten
Der stillen Bauten sich erheben,
Der Admiralitätsstern hell erblinkt
Und ohne daß es dunkel würde
Vor eines Himmels gold'nem Glanz,
Das Rot des Abends dem des Morgens
Begegnet und die Nacht verkürzt."

(aus dem „Ehernen Reiter" von Alexander Puschkin)

Wenn wir die Isaaks-Kathedrale durch das Südperistyl mit seinen
16 Monolithsäulen aus finnischem Granit, dem Portikus des Pantheon in Rom nachgebildet, betreten, empfängt uns ein baugeschicht-
liches Museum, das mit seiner gewaltigen Kuppel (Durchmesser
26,6 m; zum Vergleich: Kuppel der Hagia Sophia – 33 m; Peters-
dom – 42 m) heute einem hochinteressanten Anschauungsunterricht
dient. Am fast 100 m langen Drahtseil hängt eine massive Kugel als
Pendel. Wenn sie in der Richtung des Meridians, d. h. genau in Nord-
Süd-Richtung, zum Schwingen gebracht wird, zeigt sich daran die
Umdrehung der Erde um ihre eigene Achse. Denn das Pendel
schwingt genau in seiner Richtung weiter, während die Erde sich
dreht. Denken wir uns ein großes Zifferblatt genau in der Vierung
der Kirche eingelegt. Schreiben wir im Norden 24 Uhr oder 0 Uhr,
im Osten 6 Uhr, im Süden 12 Uhr, im Westen 18 Uhr. Bringen wir
nun, sagen wir mitternachts, das Pendel in Nord-Süd-Richtung zum
Schwingen (eine Vorrichtung halte das Pendel in ständiger Bewe-

gung!), so wandert das Pendel im Sinne des gewöhnlichen Uhrzeigers weiter und weist nach 6 Stunden zum Altar nach Osten, nach weiteren 6 Stunden nach Süden, wo auch die Sonne zur Mittagsstunde steht, usw. Wie ist das möglich? Was wir beobachten und was durch Aufstellen von Holzklötzen dicht neben der Bahn schon nach 3–5 Minuten bemerkbar wird, indem das Pendel sie umwirft, ist die Umdrehung der Erde von West nach Ost, während die pendelnde Kugel immer in der gleichen kosmischen Ebene schwingt und damit die

„Gezeiten" der Erde anzeigt. Man macht sich dies am besten an einem Globus klar.

Dieses Experiment hat bekanntlich zum erstenmal Foucault 1852 im Pantheon von Paris durchgeführt, um die Achsendrehung der Erde zu beweisen. Hier, unter der Kuppel der Isaaks-Kathedrale, berührt das Experiment eigenartig, weil das Pendelseil in der gegenwärtig abgedunkelten Laterne oben an derselben Stelle befestigt ist, an der vor der Revolution das Symbol des Heiligen Geistes, im blendenden Licht schwebend, zu sehen war. Er war durch eine silberweiße, tonnenschwere Taube versinnbildlicht, die jetzt in einem Seitenschiff aufgestellt ist. Wir fragen: Welcher Geist ist wahrhaftiger, der wissenschaftliche, der seine exakten Experimente durchführt, oder der pseudo-religiöse, der nur nach ästhetischen Effekten hascht? Auch alle anderen künstlerischen Kostbarkeiten der Isaaks-Kathedrale aus zentnerschwerem Gold hatten für den frommen Gläubigen an sich kaum einen Wert. So kann man eigentlich nicht bedauern, daß diese Kirche nicht mehr „arbeitet", dafür aber als Museum der wissenschaftlichen Volkserziehung dient (Abb. 78).

Nicht die Isaaks-Kathedrale hat Petersburg berühmt gemacht. Was wir heute in Leningrad und Umgebung bewundern, sind außer den Palästen Elisabeths – Winterpalais (Abb. 79) und Zárskoje Seló, heute: Puschkin – und Katharinas imposantem Reiterdenkmal „Petro Primo Katharina Secunda" doch ursprünglich Peters eigene Werke. Zum Beispiel die Admiralität (1704–1823) als damalige Werft; der Newski-Prospekt, durch Sumpf und Wald bis zu dem von ihm begründeten Alexander-Newski-Kloster (1713) angelegt. Dieses Kloster birgt in einem silbernen Sarg die Gebeine des Siegers über die Schweden und den Deutschritterorden (1240–1242) und sollte nach dem Willen Peters I. mit dem Troize-Sergijew-Kloster bei Moskau und dem Höhlenkloster bei Kiew wetteifern. Peters I. liebste Schöpfung war der Sommergarten, sein „Paradies", für das er im Nordischen Krieg auch während des Feldzugs plante und sorgte. Mit den Fontänen, den schnurgeraden Alleen, beschnittenen Hecken, Blumenbeeten, Grotten und Pavillons sollte der Sommergarten nach Möglichkeit den westeuropäischen Vorbildern gleichen. Bald bereicherten ihn Marmorfiguren und -büsten nach antiken Mustern. Sich selbst

79   *Leningrad, Winterpalais*

erbaute Peter darin ein Sommerschlößchen nach „holländischer Manier", streng und einfach, aber dennoch fürstlich geschmückt. Es hat
die Zeiten überdauert und gibt mit seiner Inneneinrichtung den unmittelbarsten Eindruck vom privaten Leben des großen Reformators,
ersten Handwerkers und Anführers seines Volkes. Längs des granitenen Newá-Kais ist der Sommerpark von einem schwarzgoldenen
schmiedeeisernen Gitter, einer Tulaer Arbeit, eingefaßt.

Vor dem Winterpalais steht die Alexandersäule, die größte Granitsäule der Welt. Im Jahre 1832 wurde sie unter Mithilfe von 2000
Soldaten auf den Sockel gestellt. Sie trägt einen bronzenen Engel mit
Kreuz. Diese beflügelte Gestalt mit gen Himmel weisender Hand ist
ein – nicht alleiniges! – Unikum in dem sich atheistisch verstehenden

201

Sowjetstaat. – Das ganze Winterpalais wurde in die „Eremitage" einbezogen, ein Museum, das sich höchstens mit dem British Museum in London oder dem Louvre in Paris vergleichen läßt. Aus seinen unerschöpflichen Vorräten ist zum Beispiel verschwenderisch und spielend der Riesenpalast in Puschkin (Zárskoje Seló) mit originalen Kunstwerken neu ausgestattet worden. Einzigartig sind in der Eremitage die großen Skythenschätze, die zahlreiche Säle mit Goldschmuck und anderen Goldgegenständen bester griechischer Goldschmiedekunst füllen.

Die Peter-Pauls-Festung mit ihrer Kathedrale ist Nekropole der Zaren seit Peter I. und Kerker unzähliger Revolutionäre gewesen. Der 122 m hohe schwervergoldete Glockenturm trägt ein Kreuz mit Engel als Wetterfahne. Mit der goldenen Admiralitätsspitze und der mächtigen Kuppel der Isaaks-Kathedrale bestimmt er die Silhouette des alten St. Petersburg. Von der Admiralität führt eine gerade Linie, der breite Newski-Prospekt, zum ehemaligen Alexander-Newski-Kloster. Auf den dortigen Friedhöfen finden wir die Gräber berühmter Träger des russischen Geisteslebens von Lomonóssow bis Dostojewski, Mussorgski, Rimski-Korsakow und Glinka. – Wir besuchen noch die Nikolski-Kathedrale, eine der wenigen Kirchen Leningrads, die „arbeitet". Hier hat der spätere Patriarch Aleksij während der 900tägigen Blockade täglich Gottesdienst gehalten und oben in einer Nische der Galerie geschlafen. – Es ergeht wohl vielen ausländischen Besuchern so: Das erstemal beeindruckt auf das tiefste die Frömmigkeit des einfachen russischen Volkes – meist Frauen; dann aber, beim wiederholten Besuch, läßt man das „Gaffen" sein, man empfindet es als taktlos.

Von Dichtern besungen, von alt und jung geliebt und häufig besucht, hat der Sommergarten, dieses Kind Peters des Großen, wie auch die Stadt „Pietjer" selbst Zerstörungen durch Überschwemmungen der Newá erdulden müssen. Seit ihrem Bestehen ist die Stadt mehr als dreihundertmal überschwemmt worden. Die größten Katastrophen ereigneten sich in den Jahren 1777, 1824 (von Puschkin dichterisch gestaltet), 1924 und 1955. Aber am furchtbarsten hat Leningrad unter der 900tägigen deutschen Belagerung während des

Zweiten Weltkrieges gelitten. Durch die Blockade fanden mehr als 800 000 Menschen den Tod. Wer Leningrad besucht, wird dieser Tragödie eingedenk bleiben.

*

Fahren wir noch mit dem Schnellboot hinaus auf das freie Meer, und besuchen wir Peterhof (Abb. 80), Petrodworéz, das Peter nach dem Sieg über Karl XII. bei Poltawa (1709) zu seiner Residenz am Meer machte. Es ist durch die Frontkämpfe von 1941 bis 1944 ganz zerstört, dann aber doch im Geiste seines Schöpfers wiederaufgebaut worden. Alle Wasserkünste, Kaskaden, Fontänen, überfließende Vasen mit allegorischen Gestalten, wetteifern inmitten herrlicher Parkanlagen, um die „Vermählung Rußlands mit dem Meere" zu feiern.

19. Lomonóssow

Auf geistigem Felde ist Michailo Lomonóssow (Abb. 81) ein ebensolcher Riese wie Peter der Große auf politischem Gebiet. 1711 wurde er in einem Fischerdorf nicht weit von Cholmogor an der nördlichen Dwiná geboren. Die russischen „Pommern", d. h. die um das Weiße Meer Lebenden, waren kräftige, ausdauernde Menschen, gestählt im harten Kampf mit den Elementen, wagemutig und willensstark. Sie hatten niemals das Joch der Leibeigenschaft getragen und waren selbstbewußte, stolze und unternehmungsfreudige Bauern. Wie viele andere Bewohner des russischen Pomórje beschäftigte sich Lomonóssows Vater neben der Landwirtschaft, die in dem rauhen Klima mit dem kurzen Sommer wenig ergiebig ist, auch mit dem Fischerhandwerk. Von Kindheit an gewöhnte sich Michailo, alle Beschwernisse und Gefahren der weiten Fahrten auf dem väterlichen Segelschiff „Möwe" bis ins Eismeer hinaus zu teilen. In seinen Dichtungen finden wir später Schilderungen davon, zum Beispiel über die sommerliche Polarnacht mit der nicht untergehenden Sonne:

> „Schon hat das Tag'gestirn die Mitternacht erreicht,
> Jedoch sein Antlitz nicht verborgen in den Tiefen.
> Dort stand es zwischen Wogen wie ein Flammenberg
> Und sandte Purpurglanz hervor aus Eisgefilden.
> Inmitten wunderbarer Nacht, bei klarer Sonne,
> Erstrahlt im Meer dem Aug' des Schiffers gold'ne Wonne."

Früh regte sich in dem Knaben Lernbegierde. Er besorgte sich die besten Bücher über Grammatik und Arithmetik, die zugleich Kenntnisse der Physik, Geographie, Astronomie und der Navigation vermittelten. Auch gelang es ihm, einen Psalter in rhythmischen Versen zu erhalten. Der leidenschaftliche Wissensdurst trieb den soeben 19 Jahre alt gewordenen Jüngling in einer Winternacht, von zu Hause wegzugehen. Heimlich hatte er sich einen Paß besorgt. In Begleitung der Fischerfuhren kam er bis nach Moskau. Dort verstand er es, in die damals einzige höhere Schule, die Slawistisch-Griechisch-Lateinische Akademie, einzutreten. Dazu mußte er sich als Sohn eines Edelmannes ausgeben. Bald war Lomonóssow in allen Wissenschaften zu Hause. Er studierte in der Folge in Petersburg, in Marburg und Freiberg/Sachsen. Neben einem bevorzugten Studium der Physik, Mathematik und des Bergbaus beschäftigte er sich mit Poetik und begann seine Oden zu dichten.

Damit haben wir nur den Start des Universalgenies skizziert. Tatsächlich wurde Lomonóssow in Rußland zum umfassenden Begründer aller Naturwissenschaften, aber auch zum Gestalter der durch Verschmelzung mit dem Kirchenslawischen gehobenen russischen Sprache, wodurch sie später eine weltfähige Literatur hervorzubringen vermochte. Gerade Desháwin und Puschkin sind ohne Lomonóssows Vorangehen nicht denkbar. Er fühlte sich mit seinem Werk Peter dem Großen verpflichtet und plante eine heroische Dichtung in 24 Gesängen wie Homers Ilias und Vergils Äneis zu dessen Ehren. Er besang die zweite Zarin, Elisabeth, in seinen Oden stets als „Tochter Peters" und meinte mit ihr doch immer nur das heroisch-frauliche Urbild des großen und unermeßlichen Rußlands. In dieser Dichtung ruht sie in den weiten Ebenen, mit dem Haupt die Wolken berührend, mit dem Ellenbogen auf den Kaukasus gestützt, schaut sie keine Grenzen ihres Reiches und teilt fröhlichen Blickes allgemeines Wohlergehen aus. Im Jahre 1755 erreichte Lomonóssow bei der Zarin, daß in Moskau die erste Universität eröffnet wurde; war er doch von den großen Fähigkeiten, die im russischen Volk schlummerten, überzeugt:

„O ihr, die längst erwartet werden,
Aus Vaterlandes eignem Schoß,
Die in der Heimat selbst sich finden,
Daß man nicht Fremde rufen muß.
Gesegnet seien eure Tage!

81 Michailo Lomonóssow ▷

Erkühnet euch, frischauf und waget,
Mit eurem Fleiß zu zeigen an,
Daß sie wohl eigene Platone
Und schnell auffassende Newtone,
Die russ'sche Erd', gebären kann."

Aber Lomonóssow hatte zeitlebens mit einer rückständigen Geistlichkeit zu kämpfen. Seine Weltanschauung war ihr ein Greuel, und
sein Eintreten für die Lehren des Kopernikus und des Giordano
Bruno erregte ihren Haß. So suchte er sich ihrer gelegentlich durch
satirische Dichtungen wie den „Hymnus auf den Bart" zu erwehren.
Das Volk dagegen erreichte er mit seiner Übertragung des Psalters.
Dieser war bisher das dem Volk allein käuflich erwerbbare Buch
– in unzulänglicher Wiedergabe – gewesen. Lomonóssows Fassung
wurde rasch zum Bestand des Volksgutes; so sehr, daß blinde Bettler
weit und breit seine Texte sangen. Puschkin nannte den Psalter Lomonóssows beste Arbeit, die ein ewiges Denkmal russischer Sprach-
kunst bleiben werde. Bemerkenswert ist seine innere Haltung, die an
die spätere von Goethe erinnert: Der Dichter und der Naturwissen-
schaftler stimmen nicht nur überein, sondern ergänzen einander. So
hat der Herausgeber seiner Gedichte*, auf den wir uns hier beziehen
konnten, recht, wenn er schreibt: „Lomonóssow verkörperte in sich
die besten schöpferischen Kräfte unseres Volkes, seine beharrliche
Ausrichtung auf eine helle und frohgemute Zukunft."

* Alexandr Morosow: M. W. Lomonóssow, Leningrad 1954.

20. Puschkin

Dem „Zarendorf", der langjährigen Sommerresidenz der Zarinnen und Zaren bei Leningrad, hat man heute den Namen des größten russischen Dichters, Alexander Puschkins, gegeben. Obwohl das Schloß Elisabeths, umgebaut 1752–1757 von W. Rastrelli (Sohn), dem schaffensfrohsten Architekten des damaligen Petersburg, den Hauptanziehungspunkt bildet, wird die Erinnerung an Puschkin lebendig erhalten, nicht zuletzt durch das ihm errichtete Denkmal im ehemaligen Garten des Lyzeums. Es stellt den jungen Dichter auf einer Bank sitzend dar, wie er der Inspiration des Vogelrufs in jenen Frühlingstagen lauscht. Hier, in einem Seitenflügel des Schlosses mit seinen Schulkameraden wohnend, verbrachte Puschkin sechs Jahre. Das Lyzeum war eine Stiftung Alexanders I. zur Ausbildung der Söhne vornehmer Familien. Mit zwölf Jahren, gleich nach der Begründung des Lyzeums am 19. Oktober 1811, trat er ein. Das abgeschlossene Leben in Zárskoje Seló – es gab keinen Urlaub – ließ unter den etwa 30 Zöglingen eine enge Kameradschaft entstehen. Je öder sich der Schulbetrieb unter den Professoren gestaltete, um so eifriger wurde der Poesie und dem eigenen dichterischen Hervorbringen gehuldigt. Viele Freundschaften schlossen sich dort fürs ganze Leben. Auch nach dem Verlassen des Lyzeums traf man sich immer wieder zum Jahrestag am 19. Oktober. Dieser Brauch erhielt sich fort, auch als das Lyzeum später zu einer Hochschule erweitert wurde. Bei einer festlichen Gelegenheit trug Puschkin einmal die Verse vor, die auf seinem Denkmal stehen:

> „Ihr Freunde mein, wie schön ist unser Bund!
> Unteilbar und so ewig wie die Seele –
> Frei, ohne Sorgen und nicht zu erschüttern,
> Wuchs er im Licht gesell'ger Musen auf.

Wohin uns auch das Schicksal werfen mag,
Das Glück, wohin es immer uns verschlägt,
Wir sind uns gleich: die ganze Welt ist fremd,
Die Heimat bleibt uns Zárskoje Seló."

1812 standen die Knaben mit klopfendem Herzen hinter dem Schloßplatz-Gitter und sahen den Kolonnen nach, die in den Krieg zogen. Die schrecklichen und heroischen Ereignisse in der Auseinandersetzung mit Napoleon hinterließen in der Seele Puschkins ihre Spuren für das ganze Leben. – Bald drang der Ruf vom „kleinen Puschkin", der noch auf der Schulbank sitzend aufsehenerregende Verse schriebe, auch zu den bekannten Schriftstellern der damaligen Zeit. Anfang des Jahres 1815 geschah etwas, was man als triumphale Weihe des jungen Puschkin zum werdenden größten russischen Dichter bezeichnen könnte. Im Januar 1815 fand im Lyzeum ein öffentliches Examen statt. Eingeladen waren die Eltern der Schüler und zudem hochgestellte Persönlichkeiten anwesend, an der Spitze der Kultusminister selbst. Gefeiertster Gast war der Dichter Dersháwin, der Stolz der damaligen literarischen Welt. Puschkin sollte anläßlich der Prüfung ein neues Gedicht vortragen. Er hat selbst darüber berichtet: „Ich las meine ‚Erinnerungen im Zarendorf', nur zwei Schritte von Dersháwin entfernt stehend. Ich vermag nicht den Zustand meiner Seele zu beschreiben. Als ich zu dem Verse kam, in dem ich den Namen Dersháwins nannte, erzitterte meine Knabenstimme, und das Herz schlug in trunkenem Entzücken." Und einer seiner Kameraden äußerte: „Wir alle, seine Freunde und Genossen, waren stolz auf seinen Triumph. In jenen Versen wird das russische Herz aufs lebendigste angerührt. Puschkin las mit besonderer Bewegung. Indem ich die bekannten Verse höre, bekomme ich eine Gänsehaut. Als aber der Patriarch unserer Dichter voller Entzücken, mit Tränen in den Augen, aufsprang, um ihn zu umarmen und zu küssen, und seinen Lockenkopf segnete, erstarben wir in andächtigem Schweigen. Da hätten wir unseren Dichter gern selbst umarmt, aber er war nicht mehr da, war weggelaufen!" Dersháwin hat später ausgesprochen, daß er in Puschkin seinen Erben und Nachfolger sah. – Wir können hier nicht den weltberühmten Dichter feiern. Nur so viel sei in Erinnerung gebracht: Am bekanntesten wurde er in Deutschland durch sein Drama „Borís Godunów", zur Oper gestaltet von Mussorgskij. In dieser Dichtung wird der Mörder des Zarensohnes in Uglitsch nicht vom vorrückenden polnischen Heer des Pseudo-Demetrius, eines entlaufenen Mönches, besiegt, sondern von der Stimme des wundertätigen Knaben Djmitri aus dem Grabe, das sich jetzt in der Erzengelkirche des Moskauer Kremls befindet. – Wir wollen von Puschkins weiterem Lebensverlauf nur andeuten, daß er sich mit der Feder für die Befreiung des Volkes einsetzte, auf sein Gut verbannt wurde und nur dadurch dem Schicksal seiner Freunde entging. Diese, beteiligt am Dekabristen-Aufstand, wurden zum Teil hingerichtet oder nach Sibirien verschickt. Zar Nikolaus I. machte sich zu Puschkins persönlichem Zensor. In einem tragischen Duell mit einem französischen Emigranten starb Puschkin 38jährig im Jahre 1837.

21. Thesis, Antithesis und Synthesis

Wir haben eine kunstgeschichtliche Studienreise zurückgelegt, nicht wie jene berühmte des unglücklichen Radischtschew „Von Petersburg nach Moskau", sondern von Kiew und Nówgorod über Wladímir und Susdalj nach Moskau und Petersburg. Wir können nun den großen Baum „Rußland" vom Wurzelboden bis zu seinen letzten Verästelungen unmittelbar vor der großen Revolution überschauen, die dem russischen Lebensraum durch Lenin ein völlig neues, anderes Aussehen gegeben hat. Dieses Heute haben wir von vornherein aus unserem Thema ausgeklammert, weil es uns um ein geistiges und nicht um das politische Problem ging. Damit ignorieren wir jedoch keineswegs die ungeheuren Anstrengungen und Verwandlungen, die das russische Volk in der jüngsten Geschichte aufgebracht und durchgemacht hat, vor allem nicht die unsagbaren Leiden, die ihm von innen und von außen zugefügt worden sind. Wir glauben an das russische Volk und seine Zukunftsaufgabe, möchten aber zunächst einmal gerade für Mitteleuropäer seine Vergangenheit anschaulich und lesbar machen. So versuchten wir, zu der Überfülle der äußeren Eindrücke, die jeder Reisende empfängt, zutreffende Begriffe anzubieten. Das gleiche gilt auch für den Leser, der nur auf die hier vorgelegte Bildersammlung angewiesen ist.

Über die Zukunft Rußlands etwas Gültiges auszusagen, kann eigentlich nur einem Russen selbst zustehen, und einem solchen zuzuhören, kann für uns sehr lehrreich sein. Darum bringen wir im Anhang Auszüge aus einer Schrift vom Ende des 19. Jahrhunderts über „Rußlands geistige Bestimmung" (L'Idée Russe, 1887) von dem Philosophen Wladímir Solowjów. Obwohl das 20. Jahrhundert alles in der Welt, in Europa und damit auch in Rußland auf das stärkste umgestaltet und verändert hat, gibt es nach unserer Überzeugung doch geistige Gesichtspunkte, die bleibend sind und das Ewige in der Erscheinungen Flucht erkennen lassen.

Wir haben eine kleine Kunstgeschichte Rußlands in Bauten und Bildern so an uns vorüberziehen lassen, wie sie in ihren Hauptwerken restauriert und gesammelt dem heutigen Besucher gezeigt wird. Es war in unseren Schilderungen vor allem das Gestern, aber so, wie kein Geringerer als Puschkin den gegenwärtig häufig zitierten Grundsatz aufstellte: „Stolz zu sein auf den Ruhm seiner Ahnen, ist nicht nur möglich, sondern Verpflichtung; sie nicht zu achten, ist schmählicher Kleinmut." Wir versuchten vornehmlich, die Kontinuität Rußlands zu wahren. Wie wird aber die Zukunft Rußlands ausschauen, wenn nicht der Zwiespalt aufgehoben wird, der zwischen dem materialistisch-atheistisch orientierten Staat und der christlich-religiösen Grundsubstanz des zuvor von einer antiquierten Kirche geführten Volkes aufklafft? Ist überhaupt eine Versöhnung zwischen Materialismus und Glauben möglich? Hat die heutige atheistische Propaganda nicht recht, wenn sie an historischen Beispielen zeigt, wie die „Kirche der Feind der Wissenschaft" war und alle unbequemen Geister „von je gekreuzigt und verbrannt" hat? Nun, es hat auch innerhalb der Kirche bahnbrechende Geister gegeben, denen die Wissenschaft Entscheidendes verdankt. Für das westliche Europa sei vergleichsweise angeführt: „So fügte es ein seltsames Schicksal, daß am Anfang des naturwissenschaftlichen Denkens ein Kardinal (Nicolaus Cusanus) stand, daß die moderne Astronomie durch einen katholischen Domherren (Nikolaus Kopernikus) und einen protestantischen Theologen (Johannes Kepler) begründet wurde und schließlich die Genetik, d. h. die Wissenschaft von den Gesetzen der Fortpflanzung, durch einen im Zölibat lebenden Mönch (Gregor Mendel) ins Leben gerufen wurde."[*]

Das religiöse Weltbild entstammt der Überlieferung. Seine Quelle ist die Heilige Schrift. Diese gründet sich auf Offenbarung. – Das naturwissenschaftliche Weltbild gründet sich auf Erfahrung, d. h., was auf experimentellem Felde an Naturgesetzen erforscht und im Versuch angewandt wurde, das ist zur Grundlegung der Welt herangezogen worden. „Der Prolog des Johannes-Evangeliums bekennt:

[*] Johannes Hemleben, „Biologie und Christentum", Stuttgart 1971, S. 66.

Die Welt ist im Urbeginne aus dem göttlichen Worte hervorgegangen, und in diesem ursprünglichen Gottes-Wort waren das Leben der Welt und das Geistes-Licht der Menschheit wesentlich schon vorhanden. Die Gegenthese des Materialismus lautet: Im Urbeginne war die Materie, und alles war Materie. Die Materie war vor allem Leben und Geist. Und diese Urmaterie war tot. Im Urbeginne war der Tod ...".*

Weil mit der Neuzeit neben der natürlichen Schöpfung die grandiose Welt der Technik als Menschenschöpfung entstanden ist, denkt der moderne Wissenschaftler die Entstehung jener analog der seinigen. Rein mechanistisch gedachte materielle Prozesse, wie er sie für seine Maschinen verwendet, sollen auch die vielfarbige Lebenswelt vor unendlichen Zeiträumen in Gang gebracht haben. Man merkt gar nicht, daß man einem materialistischen Aberglauben verfallen ist, nämlich der Meinung, aus dem Toten das Leben hervorzuzaubern zu können. Eine Maschine läßt sich mit bloß intellektuellen, an das Gehirn gebundenen Begriffen verstehen, aber schon ein Baumblatt nicht mehr. Da ist die Form keine bloße Ansammlung von Zellen, sondern es greift ein höheres Lebensprinzip formend und bildend ein. Dies zu begreifen, brauchen wir ein adäquates *lebendiges* Denken. Um dieses hat sich zum Beispiel Goethe zeitlebens bemüht und so für die Pflanzenwelt das Prinzip der „Urpflanze", für die Tierwelt den „Typus" entdeckt, gemäß dem alten Weisheitsspruch: „Das Gleiche kann nur vom Gleichen erkannt werden." Weil die materialistische Wissenschaft gegen dieses Wahrwort sich stellte, meinte sie, mit ihren nur mechanistischen Vorstellungen die ganze Welt und ihre Entstehung erklären zu können. Sie ist stolz darauf, sich vom mittelalterlichen Glaubensdogma der Offenbarung freigemacht zu haben, und ist doch dem neuzeitlichen Dogma der bislang nur an materiellen Experimenten gewonnenen Erfahrung verfallen. Rudolf Steiner hat schon bei seiner Herausgabe der naturwissenschaftlichen Schriften Goethes in den achtziger Jahren des vorigen Jahrhunderts auf den Kurzschluß des Denkens und die Mutlosigkeit im Denken, das sich auf ein Aufspeichern von Sinnesbeobachtungen beschränkt, hinge-

* a. a. O. S. 122.

wiesen. Statt in die Tiefe zu dringen, bleibe das Denken an der Oberfläche haften: „Die Abweisung alles Denkens und das Pochen auf die sinnliche Erfahrung ist, tiefer erfaßt, doch nichts anderes als der blinde Offenbarungsglaube der Religionen ... Dort fordert die Theologie blinde Unterwerfung des Denkens unter die Aussprüche der Kirche, hier die Wissenschaft blinde Unterwerfung unter die Aussprüche der Sinnenbeobachtung. Da wie dort gilt das selbständige, in die Tiefen dringende Denken nichts ..." Unter diesem Denken verstand und praktizierte Rudolf Steiner die *Geist-Erkenntnis*, die, um mit Paulus zu reden, „auch die Tiefen der Gottheit" zu erforschen berufen ist.

Zur Erläuterung von Goethes Drängen nach den „Urphänomenen" schreibt Rudolf Steiner: „Wer dem Denken seine über die Sinnesauffassung hinausgehende Wahrnehmungsfähigkeit zuerkennt (Goethe nannte das: ‚anschauende Urteilskraft'), der muß ihm notgedrungen auch Objekte zuerkennen, die über die sinnenfällige Wirklichkeit hinausliegen. Die Objekte des Denkens sind aber die *Ideen*. ... Das Gewahrwerden der Idee in der Wirklichkeit ist die wahre Kommunion des Menschen ..." Wir möchten fragen: Mit wem kommuniziert hier der Mensch? und antworten: mit dem Geist der Gottheit selbst, der in der materiellen Welt verborgen ist. Daher wird auf der höchsten Stufe des Erkennens der Geist des Menschen *eins* mit dem Geiste Gottes. Das war aber seit jeher keine Anmaßung, vielmehr das in „bodenloser Demut" angestrebte Ziel aller wahren Gotterkenner. – Wenn wir wirklich voraussetzungslos, d. h. ohne dogmatische Festlegung weder in der einen noch in der anderen oben gekennzeichneten Richtung (Offenbarung – Erfahrung), denken, finden wir in uns selbst nichts anderes als dieses: Ich bin – und habe Gedanken. Allerdings muß ich die Gedanken erst hervorbringen, sonst kann ich auch träumen. Das Denken aber ist eine „geistige", eine Bewußtseins-*Tatsache*. Die Geisteswissenschaft Rudolf Steiners, die Anthroposophie, wendet sich nur an dieses freie Denken, an keinen vorgefaßten Glauben, und vermittelt dadurch ein neues Weltbild, in dem Wissenschaft und Religion zu einer Synthese aufsteigen. Die Zumutung an das Christentum, seine Form aufzugeben, um sich neu zu finden, ist hierbei fast größer als an die Wissenschaft. Denn letztere hat durch den Evolutionsgedanken im 19. Jahrhundert eine ungeheure Steigerung erfahren; der Entwicklungsgedanke Darwins und Haeckels war es, der ein zwar zunächst materialistisches Weltbild, aber doch ein Gesamtbild hat entwerfen lassen. Die Kirchen dagegen verharrten, soweit sie sich nicht selbst zersetzten, in statischen Vorstellungen von Gott und Schöpfung. Als die Anthroposophie mit ihren auf geistigem Gebiet fortschreitenden Ideen auftrat, verschlossen sie sich dagegen. Wird die atheistische Naturwissenschaft als erste ihre Steigerung zur Geisteswissenschaft annehmen? – Wir haben im 11. Kapitel und im Anhang daran erinnert, daß Rudolf Steiner 1913 davon sprach, wie sich die russische Volksseele nach dem Geist sehne, der durch die Geisteswissenschaft verkündet wird, und wie dieser Geist ein neues Verständnis von Christus und dem Mysterium von Golgatha bringt.

Ausklang

„Und ich sah, wie der Himmel sich auftat, siehe, ein weißes Pferd, und der Reiter, der auf ihm saß, er ist es, der den Glauben und die Erkenntnis wahr macht..." Diese grandiose Schau des Apokalyptikers (im 19. Kap. der Offenbarung Johannis) trägt gleich an ihrer Stirn die Lösung des Problems, das heute bewußtseinsmäßig nicht nur Rußland, sondern die ganze zivilisierte Welt und jeden einzelnen Menschen in zwei Hälften gespalten hat: der Widerspruch zwischen Glauben und Wissen. Nirgends wird dieser Zwiespalt radikaler ausgesprochen als im heutigen Rußland. Er ist auch nirgends deutlicher sichtbar als auf dem Roten Platz in Moskau. Jenseits der Kremlmauern ragen die neuvergoldeten Kirchenkuppeln in den blauen Himmel, daneben wehen die roten Fahnen mit Hammer und Sichel. Über diesem Zwiespalt erscheint im Geiste von oben her, so dünkt es uns, das weiße Pferd mit dem, der Glauben und Erkenntnis erst wahr machen soll. Das heißt nichts anderes, als daß der alte Glaube schwach geworden ist und in der alten Form nicht mehr trägt, umgekehrt aber auch das materialistische Weltbild ganz unzulänglich ist, weil es zu einseitig auf die äußerlichen mechanischen Prozesse sieht und eine Technik hervorbringt, die den Menschen und seine Lebenswelt niederwalzt. Es gibt kein anderes Heil für die heute lebende Menschheit als das, welches „das weiße Pferd" bringt: die Neuverkündigung des „Christentums als mystische Tatsache", in die alle Mysterien des Altertums einmünden*, wodurch diese erst ihre Erfüllung gefunden haben. Der kosmische Christus und das Mysterium von Golgatha als heiligste Erdenwirklichkeit können heute auch im erneuerten Altarsakrament durch gläubige Erkenntnis und im erkennenden Glauben gefeiert werden. Das sind die ersten Strahlen des weißen Reiters: des wiederkommenden Christus.

---

* R. Steiner, Das Christentum als mystische Tatsache und die Mysterien des Altertums, Stuttgart 1961.

Anhang

Die Ballade des „Sadkó von Nówgorod"

Im nördlichsten Rußland, nahe dem Polarkreis, haben sich die aus der Kiewer Zeit (9.–11. Jahrhundert) und dem Kiewer und Nowgoroder Raum stammenden Heldengesänge am besten erhalten. In Solotíze, an der Winterküste des Weißen Meeres, lebte die letzte und bedeutendste Bylinensängerin, M. S. Krjúkowa, verstorben 1954. Hier möge ihre Bylína „Sadkó von Nówgorod" im Auszug folgen. – Marfa Krjúkowa läßt ihn als armen Witwensohn aufwachsen. Er erlernt das Spiel auf den Gusli, einer Art Leier, und spielt zu allen Gastmählern am Fürstenhof auf. Als die Bojárenkinder einmal seiner spotten, verläßt er die vornehme Gesellschaft und begibt sich allein an den Ilmensee:

> „Gehen will ich an den Ilmensee;
> Angeln werde ich gar viele Fische.
> Spielen will ich lustig auf den Gusli,
> Den berühmten Ilmensee ergötzen!
> Tiefe Stille herrschte überm See.
> Manche Fische angelte Sadkó sich,
> Setzte sich auf einen grauen Felsen,
> Spielte dann auf seinen frohen Gusli.
> Aufwallt' der berühmte Ilmensee;
> Wasserwogen auseinanderflossen . . .
> Spielt den ganzen Tag er, spielt den zweiten;
> An dem dritten, zur geleg'nen Zeit
> Kam die Zarin Weißfisch angeschwommen
> In Gestalt von einer Wassernixe.
> Heil sei dir, Sadkó von Nówogorod! –
> Weiß nicht, wer du bist – gab er zur Antwort.
> Bin Weißfisch, Zarin vom Ilmensee.

Dank sei dir, Sadkó von Nówogorod,
Für dein lustig Spiel! Dir lauschten alle
Meine Gäste, auch mein lieber Bruder.
Er ist Zar des Meeres; will dich selber
Bei sich sehn und hören. – Deine Kühnheit,
Heldenweisheit will ich hoch belohnen.
Nimm von mir, was du nur immer forderst.
. . .
Wie ein Stein sank sie zum Grund hinunter.
Sitzt Sadkó und schaut und schaut aufs Wasser:
Wird wohl spotten mein die Zarin Weißfisch?
Plötzlich wallte auf der Ilmensee;
Sturm erhob sich. Kam in einem Kahne
Zarin Weißfisch selber angefahren.
Gab ihm rotes Gold, gediegen Silber,
Perlen kostbar und sprach solche Worte:
Dir, Sadkó, ist's eines Tags beschieden,
Wie ein Stein zum Meeresgrund zu fahren.
Wirst des Meeres Zar und Zarin schauen,
Sie ergötzen mit dem Guslispiel.
. . .
Nenn' dich nicht Sadkó von Nówogorod;
Nenne dich Sadkó, der Kaufmannsgast!"

Es geschieht alles wie angekündigt. Auf der Rückfahrt aus fernen
Landen bleibt Sadkós Schiff plötzlich auf der Stelle, und das Los, das
die Schiffer werfen, bezeichnet Sadkó als denjenigen, den der Meergreis haben will. Als er vor dem Meereszaren erscheint, wird er
wohlempfangen:

„Sei gegrüßt, mein Gast, sprach jener, lange
Hab auf dich gewartet seit dem Tage,
Da du vor der Schwester Gusli spieltest.
Und der Meerzar gab ein groß Gelage.
Fröhlich schmausten, tranken sie drei Tage,
Und Sadkó auf seinen Gusli spielte.

Wie der Zar nun tanzte mit der Zarin,
Da erhob sich ein gewalt'ger Meersturm.
Auf dem Weißmeer sanken viele Schiffe.
Schlug Sadkó da jemand auf die Schulter.
Sah sich um, erblickte einen Alten,
Dessen Bart ganz weiß war, und ins rechte
Ohr er flüsterte ihm solche Worte:

Höre du, Sadkó von Nówogorod,
Spiele nicht mehr auf den lust'gen Gusli,
Rühre nicht die goldnen Saiten fürder:
Großes Unheil hast schon angerichtet,
Viele große Schiffe sind gesunken,
Viele junge Menschen sind ertrunken!
Nimm denn deine Gusli auseinander
Und entfern' die goldnen Saiten alle.
Sag dem Meergreis: Meine lust'gen Gusli
Sind zerbrochen, Saiten all' zerrissen."

Es ist der heilige Nikolaus, der ihm dann auch verrät, wie er die
ihm zugedachte Vermählung mit der Zarentochter Anastasia vermei-
den und statt dessen reich beschenkt aus der Meerestiefe wieder auftauchen kann. So kehrt er nach Nówgorod zurück:

„Den geliebten Sohn empfing die Mutter,
Und ganz Nówogorod freute sich der Heimkehr.
Er erinnerte sich jener Worte,
Die Nikóla von Mosháisk gesprochen.
Darum weihte er ihm eine Kirche.
Eine Halle baute selbst Sadkó sich
Und vermählte sich mit einer Fürstin."

Die Sängerin endet ihre Byline mit einem stereotypen Schluß:

„Nun kam doch das Ende diesem Liede,
Wie auch unserm Weißen Meer zur Stille,
Der berühmten Moskau-Stadt zum Preise

Euch vielweisen Leuten aufzuzeichnen,
Daß von euch es zu den Jungen komme
Und von ihnen dann gesungen werde.
Alle, von dem Ält'sten bis zum Jüngsten,
Werden lauschen und das Lied erinnern:
Was das für ein Held bei uns gewesen;
Wie er lebt', Sadkó, in Nówogorod:
Ließ sich zu dem Meeresgrund hinunter,
War auf dem Gelag des Meereszaren,
Spielte vor ihm auf den lust'gen Gusli,
Daß die goldnen Saiten laut erklangen;
Großen Reichtum durfte er erlangen."

Die Schlacht auf dem Schnepfenfelde

Farbiger Holzstock-Druck in drei Teilen; ca. 60 × 160 cm, 17. Jahrhundert. Überschrift: „Rüstung und Feldzug des Großfürsten Djmitri Joannowitsch, Selbstherrschers von ganz Russland gegen den boshaften und gottlosen Tatarenzaren Mamaj. Und sein Endsieg durch Gottes Hilfe."
Auf der linken Seite oben: der Kreml von Moskau. Hinter den Mauern und Ecktürmen die Kirchenkuppeln und der Glockenturm Iwan der Große. Hier sammeln sich die Truppen und ziehen mit ihren Standarten weiter nach rechts zum Dreifaltigkeitskloster, wo der Hl. Sergej allem Heer den Segen gibt. Er steht innerhalb des befestigten Klosters vor dem hinteren weißen Turm. Darunter in der Bildmitte die Hauptszene: Der Großfürst Djmitri bestimmt am Tage der Geburt der Mutter Gottes zum Befehlshaber der Vorhut statt seiner den Bojaren und Wojewoden Michail Brenko Tscheló.
„Er zieht seine Rüstung aus und gibt sie seinem Liebling Michail Andrejewitsch, dazu seine schwarze Fahne. Mit Tränen umarmt er

224

ihn und segnet ihn zum Siege. Er nimmt von seiner Brust das Kreuz aus dem Holz des heiligen Kreuzes Christi und fleht den Segen Gottes auf ihn." Wir sehen Michail Brenko vor dem Großfürsten knien unter den drei Eichen. Weiter rechts reitet nun der als Großfürst verkleidete Michail Brenko an der Spitze des Heeres in die Schlacht. Vor ihm reitet der streitkundige, vom Hl. Sergej gesandte Mönch Pereswjet und fällt seine Lanze gegen den riesigen Tataren. Sie bringen sich gegenseitig um (siehe darunter). Ganz rechts Mitte: Mamaj und seine Großen vor dem Zeltlager. Er schickt seine Truppen in die Schlacht. Darüber vor dem Wäldchen (ganz oben rechts) sitzend der Großfürst Djmitri. Er war während der Schlacht verlorengegangen. Man fand ihn dann unter einem Baum ohnmächtig. Wieder zu sich gekommen erfährt er die Kunde vom großen Sieg über die Tataren. Nun sucht er alle die gefallenen Helden auf und weint über ihnen. Er findet auch seinen gefallenen Ringträger Brenko links von den fünf Bäumen, über welche die Schnepfen ziehen. Sein Pferd steht noch vor ihm. Kronen und Kränze fallen aus dem Himmel auf das siegreiche Heer. –

Diese Bildchronik befindet sich im Besitz von Dr. med. Wladimir Lindenberg, Berlin. Sie vermittelt eine interessante andere Version von der berühmten Schlacht im Jahre 1380, als Karamsin sie in seinem Geschichtswerk schildert. Danach war es der Urahne der Tschelistschews: Michail Brenko Tscheló, der durch seinen Opfertod den ersten Sieg der Russen über die Tataren ermöglichte! Er trug den Namen Michail, in Erinnerung an den anderen Ahnen, den Hl. Michail, Großfürsten von Tschernigow, den die Tataren im Jahre 1245 lebendig verbrannten. Von diesem stammt auch der silberne große Siegelring mit dem alten Rurikiden-Wappen (desgl. im Besitz von Dr. L., siehe Abb. 65).

W. Kljutschewski über Wald, Steppe und Fluß

„Dem *Walde* ist eine bedeutende Rolle in unserer Geschichte zugefallen ... Er hat dem russischen Menschen mannigfache Dienste geleistet: Er bot ihm die Fichte und die Eiche zum Hausbau; gab Birken und Espen zum Heizen her; erleuchtete seine Hütte mit dem Birkenspan; er lieferte ihm die Schuhe aus Lindenbast; er stattete ihn mit Hausgerät und der Bastschnur aus. Lange hat er auch im Norden, wie schon früher im Süden, die Volkswirtschaft mit den Pelztieren und der Waldbiene versorgt. Der Wald war der sicherste Zufluchtsort vor äußeren Feinden, indem er dem russischen Menschen für die fehlenden Berge und Burgen Ersatz bot ... Ungeachtet all dieser Dienste hat der Wald auf uns Russen immer *gelastet*. In alter Zeit, als es noch viel zuviel Wald gab, war er mit seinem Dickicht ein Hemmnis für Straßen und Wege; sein wucherndes Gestrüpp überzog die mit Mühe ausgerodeten Wiesen und Felder; Menschen und Vieh wurden von Bären und Wölfen bedroht. Auch der Räuber nistete in den Wäldern. Die harte Arbeit mit Beil und Feuerstein machte müde und unlustig. Damit könnte man vielleicht das unfreundliche oder geringschätzige Verhalten der Russen zum Wald erklären. Er hat *seinen Wald nie geliebt* ... Die verträumte, ‚einschläfernde‘ Stille des Waldes erschreckte ihn. Und der Russe der alten Zeit bevölkerte den Wald mit allerhand Schreckgestalten...

Die *Steppe*, das Feld, war in anderer Weise nutzbringend und vermittelte andere Eindrücke ... Günstig kann man die historische Bedeutung der südrussischen Steppe insofern nennen, als sie an die südlichen Meere grenzt, denen sie ja auch ihre Entstehung verdankt, insonderheit an das Schwarze Meer, dank welchem das Dnjepr-Rußland früh in unmittelbare Berührung mit der südeuropäischen Kulturwelt kam. Aber diese Bedeutung verdankt die Steppe nicht so sehr sich selbst als ihren Meeren und den breiten Strömen, von denen sie durchflossen wird. Es ist schwer zu sagen, bis zu welchem Grad die weite, freie Steppe, wie sie das Lied verherrlicht, mit all ihrer Unendlichkeit, die wirklich keine Grenze zu haben scheint, im altrussischen Südländer das Gefühl für die Weite und Breite, die Vorstellung eines unermeßlichen Horizontes großgezogen hat. Jedenfalls ist diese Vorstellung nicht im waldigen Rußland entstanden. – Doch barg die Steppe auch historisch bedeutsame Unzulänglichkeiten: Den friedlichen Nachbarn beschenkte sie mit bösen Gaben fast reichlicher als mit guten. Sie war das ewig drohende Gespenst für das alte Rußland und wurde ihm häufig genug zur Geißel. Der Kampf mit dem Steppennomaden, dem Polowzer, dem bösen Tataren, der vom 8. bis fast zum Ende des 17. Jahrhunderts währte, ist die drückendste historische Erinnerung des russischen Volkes. Sie hat sich ihm besonders tief eingeprägt... Die tausendjährige feindliche Nachbarschaft mit dem asiatischen Steppenräuber: das ist einer der Umstände, der schon allein so manches ‚Minus' an europäischer Kultur im russischen Geschichtsleben entschuldigen könnte... So haben denn der Wald und besonders die Steppe einen durchaus zwiespältigen Einfluß auf das russische Volk gehabt.

Dagegen gab es zwischen ihm und dem russischen *Fluß* keine Mißverständnisse oder Zweideutigkeiten! Am Fluß lebte er auf und war mit ihm ein Herz und eine Seele. Er liebte seinen Fluß, und in seinen Liedern hat er für nichts im Lande so zärtliche Worte gefunden wie für ihn (Väterchen Dnjepr, Mütterchen Wolga). Dazu hatte er auch allen Grund. Wollte er auswandern: der Fluß zeigte ihm den Weg. Wollte er sich irgendwo niederlassen, so war er ihm wiederum sein treuer Nachbar. An ihn schmiegte er sich an, an seinem vor Überschwemmung sicheren Ufer baute er sich Wohnhaus, Weiler und Dorf." (Das rechte Ufer aller nach Süden strömenden Flüsse in Rußland ist hoch, was der Naturforscher Karl Ernst von Baer mit der Erdumdrehung erklärt). „In der langen Fastenzeit ernährte er ihn. Für den Kaufmann ist er eine stets befahrbare Straße im Sommer und ein schöner Schlittenweg im Winter... Ja, in seiner Weise erscheint der Fluß als ein Erzieher zur Ordnungsliebe und zum Gemeinsinn im Volk. Er selber liebt ja die Ordnung, das Gesetzmäßige. Wie herrlich ist es, wenn er – immer zur rechten, bestimmten Zeit – aus den Ufern tritt! Und nie reißend oder gefährlich wie in Westeuropa! Im alten Rußland erfolgte die Besiedelung des Landes längs den Flußläufen ... Der Fluß förderte die Unternehmungslust, brachte weit auseinanderliegende Teile der Bevölkerung einander nahe."

Diese drei Grundtatsachen der russischen Landschaft: Wald, Steppe, Fluß in ihrer großen Unterschiedlichkeit muß man im Bewußtsein tragen, wenn man die Wanderung großer Bevölkerungsteile der noch jungen Russj in nordöstlicher Richtung ins Auge faßt.

Das Gebiet zwischen der nördlichen Wolga und ihrem Nebenfluß Oká wurde langsam zur zweiten Heimat der slawischen Stämme, die dort der finnischen Urbevölkerung begegneten. Inmitten der Wälder und Sümpfe wurde der Boden urbar gemacht durch Niederbrennen des Urwaldes, Roden und Lockern der Erde. Die Landwirtschaft hatte nur den Eigenbedarf des Bauern zu decken. Es waren kleine Ackerflächen, die sich nach sechs bis sieben Jahren bereits vollkommen erschöpften. Darum galt es, „im Walde neu zu beginnen" und weiterzurücken. Bei dem Vorrücken der Russen zogen sich die Finnen zurück – es gab genügend Raum in diesen Urwäldern – oder wurden aufgesogen und verschwanden allmählich ganz. Darum wechseln finnische und russische Benennungen von Flüssen und Dörfern zwanglos miteinander. „Wa" heißt „Wasser" auf Finnisch, woher viele Flußnamen wie Moskwa, Protwa, Sylwa usw. kommen. Oká = joki heißt „Fluß" schlechthin.

Der Russe scheint sich dem Finnen von vornherein überlegen gefühlt zu haben. Er gehörte nicht nur zu einem viel jüngeren Volk, ihn mutete auch das Seelengehabe des Finnen absonderlich an. Die kleinen finnischen Stämme wurden von Anfang an unter dem Sammelnamen „Tschudj" zusammengefaßt; in der Ableitung aller russischen Wörter von diesem Stammwort tritt die Ironie zutage, mit der die Russen sich den Finnen gegenüber verhalten: tschudítj = sich absonderlich benehmen; tschudák = wunderlicher Mensch; tschudnój = der Komische; aber auch tschúdnyj = herrlich, wundervoll! Die Beeinflussung der Finnen und der Russen ist eine gegenseitige gewesen, und das Produkt der Durchdringung ist – *der Großrusse!* Wieder gibt Kljutschewski eine treffende Darstellung vom Volkscharakter des Großrussen, den er ganz offensichtlich von der Waldlandschaft und dem finnischen Nachbarn herleitet: „Er ist gezwungen, ‚mit beiden

Augen zu sehen', das heißt, Umschau zu halten. Besitzt Findigkeit, Geduld im Ertragen. Beobachtet seine Umgebung, aber auch sich selbst ... Dem Eigensinn der Natur setzt er den Eigensinn seiner eigenen Verwegenheit entgegen. Neigung, das Glück zu versuchen und um den Erfolg zu spielen: ‚awóssj' = vielleicht gelingt es doch! – Kein Volk in Europa ist zu einer so großen Anspannung aller Kräfte – für eine kurze Zeit – imstande, wie das der Großrussen. Aber wir werden wohl auch nirgends sonst in Europa ein ähnliches Unvermögen zu gleichmäßiger, bemessener, dauernder Arbeit finden. Er ist überhaupt verschlossen und vorsichtig, sogar schüchtern von Natur. Immer handelt er nach seinem eigenen Kopf. Er ist ungesellig, fühlt sich wohler, wenn er allein ist. Der Großrusse macht leicht den Eindruck, als wäre er unaufrichtig und keine gerade Natur. Er hat in der Tat eine doppelte Denkweise; und das gibt den Anschein, als habe er ein zwiespältiges Gemüt. In Wirklichkeit geht er seinen Weg schnurgerade bis an das Ziel, das er sich übrigens häufig nicht hinreichend klargemacht hat; aber er schreitet vorwärts, indem er ständig Umschau hält, und darum scheint seine Gangart unsicher und schwankend zu sein. Natur und Schicksal haben den Großrussen so geführt, daß er sich daran gewöhnte, auf Umwegen auf den geraden Weg zu gelangen!" Der Großrusse – das ist auch der von Moskau – ist mit dem typischen Gesicht: den breiten Backenknochen, der vorwiegend dunklen Haut und Haarfarbe, der großen Nase und breiten Nasenwurzel, wohl weitgehend finnisch bedingt.

Der sprechendste Beweis für die russisch-finnische Durchdringung ist die Hauptgestalt der russischen Sagenwelt: Iljá Múromez. Er trägt den biblischen Namen des Elias und stammt aus dem Gebiet der finnischen Muromen. Er ist ein Urweltrecke und dabei doch scheinbar jüngeren Ursprungs als die übrigen Helden von Kiew. Das hängt mit der soeben besprochenen russisch-finnischen Begegnung zusammen. – Auch der andere Urbauer, Mikúl der Dörfler, entstammt erst der Bevölkerungsverlagerung in das Wolga-Oká-Gebiet.

W. Kljutschewski über die Einsiedler-Mönche*

„Einer von ihnen, der heilige Sergej, wurde geboren, als die letzten Greise ausstarben, die das Licht der Welt noch zur Zeit der Zertrümmerung Rußlands durch die Tataren erblickt hatten, als es schon schwer war, jemanden zu finden, der sich daran erinnerte. Aber in allen Russen zitterte noch der Schrecken nach, immer wieder neu belebt durch weitere tatarische Heimsuchungen. Eine tödliche Erstarrung hatte das ganze Volk ergriffen. Der panische Schrecken einer Generation drohte sich zu einer allgemeinen Verzagtheit auszuwachsen. Dann wäre ein weiteres schwarzes Blatt der Menschheitsgeschichte hinzugefügt worden, nämlich die Kunde davon, daß ein europäisches Volk seinen Untergang gefunden habe durch den Angriff der Asiaten ...! Dem war aber nicht so. Zu den Merkmalen eines großen Volkes gehört die Fähigkeit, sich nach einem Fall wieder auf die Füße zu stellen. Wie tief auch seine Erniedrigung gewesen sein mag, es schlägt die Stunde, da sammelt es seine sittlichen Kräfte, verkörpert sie in einem oder mehreren großen Menschen, die es wieder auf seine gerade, nur für eine kurze Zeit verlassene geschichtliche Straße führen. Ein solch wegweisendes Gestirn waren die drei Einsiedlermönche: Aleksij, Stefan und Sergej. – Aleksij vertritt dabei den alten Kiewer Süden, Stefan den neuen finnisch-russischen Norden, der erst christianisiert werden mußte, während Sergej die großrussische Mitte darstellt. Diese drei arbeiteten an der geistigen Wiedergeburt Rußlands."

Über Stefan von Perm gibt es eine Heiligenlegende von demselben Epifanij, der noch ein Schüler des heiligen Sergej war und dessen Biographie verfaßte. Stefan verbreitete das Christentum nordwestlich des Uralgebirges bei finnischen Stämmen und schuf das erste finnische

---

* Aus der „Rede über den segensreichen Erzieher des russischen Volksgeistes"; Übersetzung des Verfassers.

Alphabet, dazu Übersetzungen der Heiligen Schrift und gottesdienstlicher Bücher.

„Nachdem der heilige Sergej fünfzig Jahre in der Einsamkeit gewirkt hatte, ereignete sich das große Wunder: Das russische Volk raffte sich zusammen und trug einen allerersten Sieg über die gefürchteten Tataren davon. Das war die Schlacht auf dem Kulikower Feld im Jahre 1380. Und von dieser Schlacht an setzte ein Gesundungs- und Erkraftungsprozeß ein, der hundert Jahre später zur endgültigen Befreiung vom Tatarenjoch führte. An diesem Ereignis des Jahres 1380 war der heilige Sergej unmittelbar beteiligt. Er segnete den Oberbefehlshaber des russischen Heeres zu dieser Heldentat und sprach zu ihm: ‚Gehe kühn gegen die Gottlosen an, ohne Wanken; und du wirst siegen!' Dieser junge Fürst war ein Mensch der Generation, die unter den Augen des heiligen Sergej aufgewachsen war. Zusammen mit dem Großfürsten Djmitri, der davon den Namen Donskoj erhielt, schlug er sich auf dem Kulikower Felde am Don. Hier wurde die Schlacht an der Kalka in ihr leuchtendes Gegenbild verkehrt!" Fürst Djmitri und sein Bruder Wladímir sammelten ein großes Heer in Moskau, das damals schon einen neuen Mittelpunkt zu bilden begonnen hatte, um dem Großkhan der Tataren, Mamaj, entgegenzutreten. Dieser hatte sich mit Jagailo von Litauen verbündet. So galt es, dem Zusammenschluß ihrer Heere zuvorzukommen. Am Ufer der Neprjadwa, einem Nebenfluß des Don, wurde die Schlacht geschlagen und ein voller Sieg errungen. Es heißt, Jagailo sei nur dreißig bis vierzig Kilometer von Mamaj entfernt gewesen. Als er von der Niederlage der Tataren erfuhr, zog er sich in Eilmärschen zurück. – Ein unbekannter Schriftsteller des 14. Jahrhunderts hat eine dichterische Schilderung dieser Schlacht gegeben, die Sadóntschtschina. Dieser Gesang von der Schlacht am Don ist völlig zu Unrecht vom „Slowo o polkú Igorewe" verdrängt worden, das unseres Erachtens vielmehr sein Plagiat darstellt.

Wladímir Solowjów über die Zukunft Rußlands

Solowjów meint, daß „die gebildete Öffentlichkeit in Europa über Rußland wohl hinlänglich unterrichtet" sei, „soweit die vielfachen Gesichtspunkte seines realen Daseins in Betracht kommen", und fährt dann fort: „Diese Kenntnis russischer Zustände jedoch läßt immer noch eine Frage anderer Art offen, die, von starken Vorurteilen verdunkelt, selbst in Rußland im allgemeinen geradezu lächerliche Lösungen gefunden hat ... Ich meine die Frage über die *Seinsberechtigung* Rußlands in der Weltgeschichte ... Ja, welches ist denn eigentlich der *Gedanke*, den Rußland uns verbirgt oder enthüllt? Welches ist das *ideelle* Prinzip, das diesen Riesenleib durchpulst? Welches neue *Wort* will dieses heraufkommende Volk der Menschheit verkünden? Was *will* es denn in der Weltgeschichte? ... Wir wollen ... die Antwort in den ewigen Wahrheiten der Religion suchen; *denn die Idee einer Nation ist nicht das, was sie über sich selbst in der Zeit, sondern was Gott in der Ewigkeit über sie denkt.*"

Solowjów sieht die ganze Menschheit als einen sozialen Organismus an, in dem die verschiedenen Nationen die lebendigen Gliedmaßen darstellen. Und diesen Nationen wie auch den einzelnen Individuen, aus denen sie bestehen, schreibt er moralische Qualitäten zu. Daher wirke „die Berufung oder die besondere Idee, die der göttliche Gedanke jedem moralischen Wesen zuweist, sei es dem Individuum oder einer Nation ... in jedem Falle wie eine reale Macht und bestimmt in *allen* Fällen das Leben des betreffenden moralischen Wesens, jedoch auf zwei entgegengesetzte Arten: Sie wirkt als Gesetz des Lebens, wenn die Aufgabe erfüllt, und als Gesetz des Todes, wenn sie nicht erfüllt ist." Nachdem Rußland mit dem heiligen Wladímir christlich und mit Peter dem Großen europäisch geworden sei, dürfe es sich nicht an nationalistisch-imperialistische Ziele verlieren. Die wahre Idee Rußlands werde von dem religiösen Charakter des Volkes bezeugt, vorgezeichnet und bestimmt durch die Hauptereig-

nisse und die größten Männer der russischen Geschichte. Der Seins-
grund der Nationen sei nicht in ihnen selbst zu finden, wohl aber in
der Menschheit. Diese als wahre, lebendige Vereinigung sei in der
vorchristlichen Zeit erst ein Versprechen, eine prophetische Idee gewesen. „Aber diese Idee nahm in dem Augenblick *Gestalt* an, in dem
der absolute Mittelpunkt aller Wesen, der Christus, in die Erscheinung trat. Von da an lebt die große Einheit, der Gesamtleib des
Gottmenschen in Wirklichkeit auf Erden. Er ist noch nicht vollkommen ... aber er strebt seiner Vollendung entgegen, er wächst, verbreitet sich nach außen und entwickelt sich im Innern." Rußland habe
diesem „Weltchristentum" gegenüber eine Aufgabe! Solowjów geht
mit der orthodoxen Kirche ins Gericht, insofern sie eine staatliche In-
stitution geworden sei. Er verlangt für seine Zeit die geistige Freiheit
von der Kirche und auch vom Staat, nachdem dieser durch Aufhebung der Leibeigenschaft den Leib Rußlands freigemacht habe.
„Aber sein nationaler Geist wartet noch auf seinen 19. Februar" (Datum des Manifestes zur Aufhebung der Leibeigenschaft 1861). Die religiöse und geistige Emanzipation sei jetzt die dringendste Aufgabe.
Nun entwirft Wladímir Solowjów, allerdings noch ganz mit den ihm
eigentümlichen mittelalterlich anmutenden Vorstellungen seine spezi-
fische Idee der Dreigliederung des sozialen Organismus gemäß der
göttlichen *Dreieinigkeit.* Diese hat Andrej Rubljów in seiner Troiza
wunderbar dargestellt, doch war diese Ikone zur Zeit Solowjóws
noch nicht entdeckt, geschweige denn restauriert (Beginn der Restau-
rierungsarbeiten 1904). – Solowjów schreibt zusammenfassend: „Die
allmenschliche Brüderlichkeit als Ausfluß einer weltumspannenden
Vaterschaft, die wiederum aus einer beständigen moralisch-sozialen
Kindschaft hervorgeht, das ist die wahre Zukunft der Menschheit,
an der wir arbeiten sollen."
Solowjów kann das Prinzip des freien Geisteslebens offensichtlich
noch nicht trennen von der Autorität oder „Vaterschaft" der Kirche,
von den geistigen „Vätern", wie wir sie zum Beispiel als untersten
tragenden Grund im Goldmosaik der Apsis der Sophien-Kathedrale
gesehen haben. Das Prinzip der Gleichheit im Rechtsleben, der eigentlichen Domäne des Staates, will Solowjów verankert wissen im weltlichen Herrscher als „Abbild und Werkzeug des *Sohnes,* des ewigen

Königs, der den Willen des Vaters erfüllt und nicht den eigenen und der nur im Vater verherrlicht sein will". Als solcher ist ja der Christus im mittleren Fries der Eucharistie großartig dargestellt, und alle Apostel bewegen sich durchaus als freie Menschen auf ihn zu. „Die allmenschliche Brüderlichkeit", wie wir sie heute für die Gestaltung des Wirtschaftslebens fordern müssen, ahnte Solowjów nur erst als Ausfluß des *Heiligen Geistes,* des „Inspirators der sozialen Fortschrittsbewegung". Denn höchstens als ein geträumter Mythos – so müssen wir betonen – war bisher der Heilige Geist in Gestalt der Gottesmutter als Jungfrau Sophia mit dem russischen Volk, allerdings von Anfang an, verbunden. Wir fanden dieses Symbol als Oranta in der Sophien-Kathedrale von Kiew. Als Snámenje, Banner, gewann die Marien-Sophien-Gestalt dann in Nówgorod das „Geisteskind im Seelenschoß" hinzu (Tretjaków-Galerie). In Susdalj erschien sie gleichzeitig als Pokrów (Maforia) der Gottesmutter, als Jungfrau mit dem Schleier. Wir haben bewußt unterschieden, um dann zu verbinden. Eigentlich existieren diese drei Marien-Aspekte nirgends isoliert.

Solowjów endet seine Schrift „Über die geistige Bestimmung Rußlands" mit der Darstellung der „vollständigen sozialen Dreiheit". In ihr ist jede der drei organischen Haupteinheiten – die Kirche (das Geistesleben), der Staat (das Rechtsleben) und die Gesellschaft (das Wirtschaftsleben) – absolut frei und selbständig, aber nicht so, daß sich jede von der anderen trennt, sie aufsaugt und zerstört, sondern die volle Einheitlichkeit mit den beiden anderen betont. Auf Erden dieses getreue Abbild der göttlichen Dreieinigkeit herzustellen, das ist die „russische Idee".

Äußerungen Rudolf Steiners

Aus den Vorträgen über » Geschichtliche Symptomatologie «
Dornach 1918

„Vom 9./10. Jahrhundert an wurde auf einem Gebiet . . . die Möglichkeit geschaffen, daß das eigentliche *Christusvolk* entstand: jenes Volk, welches gewissermaßen die besondere innere Volksbefähigung empfing, die Christusoffenbarung in die künftigen Jahrhunderte hineinzutragen. Man redet ganz im ureigentlichsten Sinne, wenn man für diese Zeit davon spricht, daß als Vorbereitung späterer Zeiten ein Volk durch die Weltereignisse besonders geeignet gemacht worden ist, das Christusvolk zu werden. Das geschah dadurch, daß schon im 9. Jahrhundert dasjenige, was als Christus-Impuls fortwirkte, sich gewissermaßen in Europa differenzierte . . ., daß sich Seelen geeignet erweisen, den Christus-Impuls in seiner Offenbarung unmittelbar in sich einfließen zu lassen, und daß dieser Teil, diese Differenzierung des Christus-Impulses *nach dem Osten Europas abgeschoben worden ist.* Was dazumal unter dem Patriarchen Photius, unter dem Papst Nikolaus I. geleistet worden ist, das war ein Zurückschieben des Christus-Impulses in seiner besonderen Intensität nach dem europäischen Osten hin . . . Und so ist diejenige Differenzierung gekommen . . ., welche sich eben dadurch charakterisiert, daß die Angehörigen dieses Gebietes ihre Seelen offenhielten für das fortdauernde Einfließen des Christus-Impulses, für die immerwährende, fortdauernde Gegenwart des Christushauches. Es kam eben dazu, daß diese beson-

---

* Neun Vorträge, gehalten Oktober–November 1918 in Dornach. Gesamtausgabe. Nr. 185

dere Metamorphose nach dem Osten abgeschoben wurde und das russische Volk im weitesten Sinne des Wortes innerhalb der europäischen Zivilisation dadurch zu dem Christusvolk geworden ist. ... Was meint man nun eigentlich damit, wenn man davon spricht, daß da das Christusvolk entstand? ... Man meint damit, daß da ein Territorium geschaffen worden ist in diesem Osten von Europa, auf welchem immerzu Menschen lebten, welche mit dem Christus-Impuls unmittelbar zusammenhängen; solche Menschen, in deren Seelen in einer gewissen Weise der Christus-Impuls fortwährend hereinträufelt. Der Christus-Impuls bleibt fortwährend gegenwärtig als eine das Denken dieses Volkes, das Fühlen dieses Volkes durchsetzende Aura ..."

In seinen Vorträgen »Entwicklungsgeschichtliche Unterlagen zur Bildung eines sozialen Urteils« Dornach 1918

In seinen Vorträgen „Entwicklungsgeschichtliche Unterlagen zur Bildung eines sozialen Urteils" schildert Rudolf Steiner in Dornach am 23. November 1918*, daß der germanisch-normannische Einfluß, der sich unter Wilhelm dem Eroberer nach Westen richtete, gleichzeitig auch nach Osten ging, um auch dort – wie in Großbritannien – die soziale Struktur entscheidend zu bestimmen. Diese Entwicklung ist durch das im 13. Jahrhundert über Rußland kommende Mongolenjoch abgebrochen worden. Es war nichts von einem umfassenden Staatsgedanken vorhanden. Vielmehr war die Gemeinschaft auf den Sippen und Übersippen aufgebaut, die schließlich von einem Fürsten geführt wurden. Die Slawen hatten im Grunde die Sehnsucht nach einer gewissen Herrschaftslosigkeit. Herrschaftsmacht brauchte man in ihrem Sinne zur Ordnung nicht, sie brachte eher die Unordnung

* Gesamtausgabe. Nr. 185a

236

mit sich. Die Sippe, beeinflußt durch die normannische Führung, gab den Zusammenhalt. Erst die Tatarenherrschaft durch die Khane brachte den eigentlichen Herrschafts- und Staatsgedanken als ein fremdes Element über Rußland. Dieser stammt überhaupt aus jener Wetterecke, aus der die asiatischen Mongolen hervorbrachen. – Nach dem weiteren Westen Europas war er schon früher gebracht worden.

Aus den Vorträgen in Helsingfors 1912 und 1913

Nach dem Geheimnis der Maria-Sophia tasteten viele russische Gelehrte und Dichter, zum Beispiel Wladímir Solowjów, Alexander Blok, Sergej Bulgákow. Aber von der wahren Sophia hat doch erst Rudolf Steiner 1912 und 1913 zu den Russen in Helsingfors gesprochen. „Die göttliche Theosophie" suche den Weg hinüber nach Osten. Denn die russische Volksseele sehne sich nach dem Geist, der durch die Geisteswissenschaft verkündet wird. Er werde zugleich ein neues Verständnis bringen von Christus und dem Mysterium von Golgatha.

Quellennachweis der Abbildungen

HERMAN VON SKERST

Der unbekannte Gott

Griechische Mysterienschau und christliche Erfüllung

148 Seiten Text,
19 Tafelbilder, 12 Zeichnungen im Text, Leinen

Das Christusereignis ist kein plötzlicher Einbruch in die Weltgeschichte. Eine ebenso gewissenhafte wie unvoreingenommene Untersuchung der vorchristlichen Geistesströmungen läßt erkennen, daß sie alle auf dieses Ereignis zuliefen, das sich durch lange Zeiten vorbereitet hat und den Mittelpunkt der Weltgeschichte bildet.

Der Gegenstand der vorliegenden Arbeit sind die eleusinischen Mysterien. Auch die Offenbarung durch die Götter der Griechen zielte auf das zentrale Ereignis der Erdengeschichte, die Ankunft des Welterlösers, und treffend sprachen daher die Athener von dem – für sie noch – „Unbekannten Gott", wie die Apostelgeschichte berichtet. Niemand anderes als Paulus, der „Apostel der Heiden", bezeugt in seiner berühmten Rede auf dem Areopag die Identität des Trägers des zentralen Geheimnisses von Eleusis, Dionysos Jakchos, mit Dem, den er zu verkünden gekommen ist. „Was ihr unwissend verehrt, das verkündige ich euch." Er verkündete es nicht nur dem Volke, sondern bezeichnenderweise zugleich der Repräsentanz der Mysterien in der Person des Areopagiten Dionysios (= Sohn des Dionysos), dessen Name bei dem hohen Amt seines Trägers durchaus einen Mysteriengrad bezeichnet haben kann. In Raphaels großartiger Darstellung der Areopagszene steht Dionysios dem Paulus in einer Gebärde gegenüber, die letztes Überzeugtsein ausdrückt.

Herman von Skerst holt weit aus, um die These seines Buches nicht nur auf diesen einen, wenn auch überragenden Kronzeugen zu stützen. Um nur einiges zu nennen: er zieht die „Dionysiaka" des Nonnos und die Schriften des Theodotos von Ankyra (beide 5. Jahrhundert nach Christus) heran, zitiert und erläutert ausführlich Hippolytos von Rom und Clemens von Alexandrien und geht auf die aufschlußreichen Zusammenhänge mit dem Erwachen des Gewissens bei den Griechen ein.

VERLAG URACHHAUS STUTTGART

Dokumentationen europäischer Geistesgeschichte

GOTLAND
Ein geistesgeschichtlicher Quellort. Von Uwe Lemke
72 Seiten Text mit 12 Zeichnungen, 156 Tafeln, 1 Karte, Leinen.

KARLSTEIN
Das Rätsel um die Burg Karls IV. Von Michael Eschborn
210 Seiten, 93 Tafeln, davon 6 farbig, 4 Zeichnungen, Leinen.

MITHRAS-MYSTERIEN UND URCHRISTENTUM
Von Alfred Schütze
260 Seiten, 82 Tafeln, davon 15 farbig, 1 Karte, 11 Zeichnungen
und 23 Abbildungen im Text, Leinen.

SCHWÄBISCHE ROMANIK
Baukunst und Plastik im württembergischen Raum.
Ein Kapitel Kulturgeschichte in Bildern. Von Emil Bock
4. Auflage, 320 Seiten, 56 Seiten Text, 369 Tafeln, 1 Karte, Leinen.

LANGOBARDISCHE KUNST
Die Sprache der Flechtbänder. Von Rudolf Kutzli
256 Seiten, 215 Tafeln, 78 Zeichnungen, 3 Karten, Leinen.

KREUZ UND RUNE
Langobardisch-romanische Kunst in Italien. Von Felix Kayser
Band 1: *Werdezeit*. 131 Seiten Text mit 20 Abb., 56 Tafelbilder, Leinen.
Band 2: *Reifezeit*. 147 Seiten Text mit 6 Abb., 85 Tafelbilder, Leinen.

RAPHAEL VON URBINO
Von Wilhelm Kelber
Band 1: *Leben und Jugendwerke*. 108 Seiten Text, 27 Tafeln, Leinen.
Band 2: *Die römischen Werke*. 108 Seiten Text, 39 Tafeln, Leinen.

LEONARDO DA VINCIS ABENDMAHL
Von Hans Feddersen
200 Seiten, 41 teils farbige Abb., 6 Skizzen, Leinen.

IDEEN ZUR KUNSTGESCHICHTE
Von Gottfried Richter
6. Auflage i. Vorb., 200 Seiten Text, 17 Zeichnungen, 36 Tafeln, Leinen.

VERLAG URACHHAUS STUTTGART